半生烟雨，半世桃花

李清照词传

〔宋〕李清照 著

美 芹 编著

中国华侨出版社
北京

图书在版编目（CIP）数据

半生烟雨，半世桃花：李清照词传 / (宋) 李清照
著；美芹编著 . — 北京：中国华侨出版社，2018.3
ISBN 978-7-5113-7393-9

Ⅰ.①半… Ⅱ.①李…②美… Ⅲ.①李清照
(1084 - 约1151) — 传记 Ⅳ . ① K825.6

中国版本图书馆CIP 数据核字 (2018) 第018641号

半生烟雨，半世桃花：李清照词传

著　　者 /〔宋〕李清照

编　著 / 美　芹

出 版 人 / 刘凤珍

责任编辑 / 福　荣

封面设计 / 李艾红

文字编辑 / 李翠香

美术编辑 / 张　诚

经　　销 / 新华书店

开　　本 / 880mm × 1230mm　1/32　印张：8.5　字数：220 千字

印　　刷 / 北京一鑫印务有限责任公司

版　　次 / 2018 年 5 月第 1 版　2019 年 6 月第 2 次印刷

书　　号 / ISBN 978-7-5113-7393-9

定　　价 / 35.00 元

中国华侨出版社　北京市朝阳区静安里 26 号通成达大厦 3 层　邮编：100028
法律顾问：陈鹰律师事务所
发 行 部：（010）64443051　　传　真：（010）64439708
网　　址：www.oveaschin.com　　E-mail：oveaschin@sina.com

如果发现印装质量问题，影响阅读，请与印刷厂联系调换。

"男中李后主，女中李易安，极是当行本色也。"中华文坛几千年，其中的女词人寥寥无几，有才有貌又兼具人格魅力的女词人更是凤毛麟角，千秋才女李清照就是其中的翘楚。她不仅是中国古代文学史上一道亮丽的风景，甚至成为太阳系当中一道独特的风景：1987年，国际天文学会选取15个世界名人的名字来命名水星上面的15座环形山，李清照就是其中之一。仅凭诗词，她就可与苏轼、陆游、辛弃疾相媲美，与陶渊明、杜甫、李白、韩愈等各个时代风格的开创者比肩。她所创立的"易安体"，甚至连辛弃疾都仿而效之。她的《词论》在文学批评史上也占据了很重要的地位。

　　李清照出身书香门第，灵秀聪慧，少有才名，并工书画，通晓金石，尤擅诗词，一支生花妙笔，写尽人生的美丽与哀愁。她爱花，爱酒，敢饮敢醉，敢爱敢恨，既有巾帼之淑贤，更兼男儿之豪气。她有过如诗的爱情、赌书泼茶的情趣，也经历了爱人离世、山河破碎、颠沛流离，发常人悲世之感慨，心怀家国与天下。"易安倜傥，有丈夫气。"在那个男子主导文坛的时代，她把酒赏花，将她的风骨诉诸文字。在那个偏安朝廷畏缩不前的年代,她凛然执笔、讽喻今古。

从"争渡,争渡,惊起一滩鸥鹭"到"知否?知否?应是绿肥红瘦";从"花自飘零水自流,一种相思,两处闲愁"到"帘卷西风,人比黄花瘦";从"生当作人杰,死亦为鬼雄"到"冷冷清清凄凄惨惨戚戚",她的一生,既有真心的欢愉,惹人爱慕,惹人驻足,惹人回望;亦有彻骨的悲凉,惹人慨叹,惹人怜惜,惹人心疼。千年的风吹雨打,不但没有消减李清照的魅力,反而让她的绝妙佳作随着岁月的流逝大放光彩。世间曾有李易安,时光流转,她的词,她的人,就如同一坛佳酿,愈陈愈香。

"词苑千载,群芳竞秀,盛开一枝女儿花。"这枝花在宋代萌发,绚烂了中国诗词的整个花季。飘散淡淡清香的诗笺上,有她的聪颖与傲骨,柔情与相思,坚强与悲戚……

她摇曳生姿地走来,行于汴京,行于青州,行于金华,行于中华五千年的灿烂文化,带来的是璀璨华章,锦瑟流年。她用沾满诗香的笔墨,描绘出一个春暖花开的人间。现在,让我们翻开一卷《漱玉词》,慢品其间,与这位远在宋朝的女子细细谈。

目录
CONTENTS

1

愿向藕花深处醉

桃花离谢，枕隐流年。那年的陌上花开时节，山东章丘明水镇的一户人家，一个美丽婉约的女子降临人间。晓荷风细，云烟散淡，多年以后，她长成一个容貌清丽、才情传世的女子，滋润这枯燥流年，惊艳这庸俗红尘，留下一段荡气回肠的传奇，响彻云间。

豆蔻梢头春意浓

常记溪亭日暮，沉醉不知归路。

兴尽晚回舟，误入藕花深处。

争渡，争渡，惊起一滩鸥鹭。

——《如梦令》

　　陌上花开，时光清濯，正是在那一季的一个午后，她降生在山东章丘明水镇的老家里。明水湖清澈如许，小亭台迎风而立，雨入潇湘，激皱一池春光。

　　彼时，她尚且只是一个初生的婴儿，在襁褓之中张开的黑色眼眸，如这章丘的山，明亮坚韧；似这章丘的水，清澈纯真。倘若人生就这样进行下去，宛如人间三月明媚春风，忙时耕种二月花，闲时研得六月墨，且看人间多清淡，韶光正与青春同，该是多好！

　　此时正值北宋盛世，汴京的大街上，车如流水马如龙。城邦繁盛面貌记载于诸多历史文献，比如当时的文人孟元老就曾写

半生烟雨，半世桃花　　李清照词传

道："举目则青楼画阁，绣户珠帘。雕车竞驻于天街，宝马争驰于御路。金翠耀目，罗绮飘香。新声巧笑于柳陌花衢，按管调弦于茶坊酒肆。八荒争凑，万国咸通。"

自古太平盛世，才士辈出。曾巩、司马光、黄庭坚、王安石、苏轼、秦观等皆为我等后辈所击节赞叹、津津乐道，他们开拓了北宋文坛的新天新地。

有士姓李名格非，世业经学，俊迈出众，长于行文作赋，常言："文不可以苟作，诚不著焉，则不能工。"因文采出众被收于苏轼门下，与廖正一、李禧、董荣并称"苏门后四学士"。

李格非为人清廉公正，于宋神宗熙宁九年（1076年）中进士，誓死守贫，两袖清风。亦因耿直之脾得罪权贵，被外放为广信郡通判，任职期间，听闻有道士妖言惑众，虽身陷囹圄断不改忠贞之志，立即派人将其驱逐出境。此乃可谓古时语"明如水，清如镜"也。

自古清正刚烈之人，多受百姓爱戴，却难容于黑暗的朝廷斗争。李格非从正式踏入官场的那一刻起，命中注定将有一场腥风血雨！只是1084年的北宋，依旧良木静深，风平浪静。这一年，李格非还在郓州做官，这一年，他喜得爱女，取名"清照"。

如小小一枚春枝，四肢柔软，轻盈粉嫩，裹着浓浓的喜意，她就这样潜入李氏书香门第。历史学家缪钺先生在《诗词散论》

中有提："易安承父母两系之遗传，灵襟秀气，超越恒流。"可见，李清照的母亲亦是饱读诗书，才性淑真。滋养于如此才学的家世，李清照自咿呀学语之时，就日日熏陶于书香之中，勤读百家经典，研习古时诗文。得益于墨香的她，只管消受诗之绚丽、词之丰饶，根本不晓得这些才气，将会将自己带去哪里。

如一棵灵秀之木，李清照早慧萌生，少年时期便轻易能够体察这人生百味，幸乎？不幸乎？

韶华过尽，染指流年，承受父母给予了深刻的爱，李清照逐渐长大，仿佛倏忽之间，就蜕变成一位灵动少女。

令她提笔写下欢乐离愁的也许正是，那一颗活泼有感的玲珑心。

常记溪亭日暮，沉醉不知归路。

兴尽晚回舟，误入藕花深处。

争渡，争渡，

惊起一滩鸥鹭。

古时的少女时光不同于现在。封建制度下，传统女性一代代沿袭陋俗，"大门不出，二门不迈"。还曾记得《红楼梦》里林黛玉第一次进贾府，原本是自幼习得四书五经的才女，却因懂得俗世之约束而在回答外祖母的提问时，暗自更改了事实，只说自己"稍读得两年书识得一些字"罢了。

如此，诸如林黛玉那般成长于书香门第的女孩儿尚且要对封建制度敬让三分，更何况一般的小门小户？由此可想，许多年轻的少女必是深居院巷，专攻女红。春天到了，院中风景秀美，女孩们无非就是在院中荡个秋千，绣个手帕。

可在李清照的这首词里，竟是"沉醉不知归路。"这样看起来近乎有些放荡的行为，缘于李清照家人开阔的胸襟与颇有远见的视野。

荡舟，争渡，与小姐妹郊外同游。这一首《如梦令》旨在忆昔。寥寥几句，随心而出，但读来竟是句句清丽，富有一种自然之美。纯真，灵动，俏皮，鲜活于人前。读罢，使人可见一个日暮时刻、一位乘兴而来的少女。看当时的景色：碧水清波，荷塘暮色，宛如一幅静谧的山水画卷。晚风袭来，暗香浮动，李家初长成的清丽少女嬉戏水上！只见她哼着江南的小调，笑语盈盈坐在小船上，追赶那一路斜阳。小桨从水面划过，激荡起层层的涟漪，映衬着最后一丝暮光，浅浅地泛起光泽，剔透晶莹。

人一生最美好、最值得怀念的时光，就是此刻了。想日后出入世间，渐悟世情，难免会惹得女儿相思，为情所苦。像是一笔最浓重出彩的颜料，少女时光点缀了整个人生，从此在漫长的旅程上闪耀。年复一年，当这些少女渐渐长大，经历了尘世中的悲欢离合，还有谁的心思能如此刻这般剔透？还有哪段时光能比此时更加畅快？

此刻李清照肆意欢笑，荡舟湖心，世人都会为她感到快乐。只因为回首她的整个人生，成年后经历了太多苦难，此时此刻，能有一段完全放松、只属于自我的时光，真好。薄酒添醉，游兴未尽，就着夕阳的幻美、荷叶的馨香，渐渐地忘记了归途……

好时光啊，莫失莫忘。但它总是去得太急。日薄西山，她知道该回家了。然而池中莲叶田田，游鱼戏水正欢，水道变得曲折。未尽兴的她，借了酒力，竟误入藕花深处。心慌意乱，急急划桨争渡，却意外打破沉睡的湖，惊得十几只白色的水鸟，一齐腾空而飞。酒意未醒，她被眼前的景象惊吓一跳，待那些白色的身影邈至天际，才恍惚回神，不禁觉得有趣，大笑而归。

这一首不足四十字的小令，将李清照当日尽兴游玩的美好时光完整地雕刻下来，并流传至今。这亦是李清照流传最久的一首小令。她以寻常词语，描述了一幅芳龄少女钟情于自然风物的画卷，整首小令一气呵成，读来酣畅淋漓，虽是表现酒兴游憩之作，却丝毫不显扭捏矫情。想必李清照当时写此词，必是受用于游玩，故信手拈来，自得其乐。

少时的流光，尚且不必背负那一生的纸短情长。初秋的风，仲夏的夜……每种事物都成就少女情怀，清透至纯，简单美好。可以对着清风唱歌，可以对着烛火诵读，一切美好都自然天成……如今生在人世，时光早已带我们告别了那个单纯的少女时光，然而每每读起此诗，其中点点滴滴依旧能够唤起内心深处对往日美好的追寻，也许在那个特殊时期，我们没能如李清照这般泛舟湖上，酒醉而归，但那份同样只属于少女所拥有的一方乐土，却是长埋于红尘之内。

少女李清照是不谙世事的，因此，她早期的诗篇只有灵动，无所谓哀愁。那时候，她细弱的肩膀尚不需要承载那许多愁。这样也好，她可以在有限的时光里，就着童贞，酿一场欢喜的回忆，待她及笄，待她得遇真爱，待她携了满身风雨，可再浅酌一杯，睡梦中回味这一场醉。

而此令，是年方十六的她，初试墨笔。

少女情怀总是诗

昨夜雨疏风骤，浓睡不消残酒。

试问卷帘人，却道海棠依旧。

知否？知否？应是绿肥红瘦。

——《如梦令》

十六七岁，正是朝气蓬勃，青春袭人。这一年，春梦初回，少女多了一份敏感、细致的心思。年少骑竹马、弄青梅的乐趣早已不再，伤春悲秋占据了大部分的女儿情怀。待午夜梦回，才偶尔拾起昨日的细雨流光，此时最是寂寞女儿香。

昨夜雨疏风骤，浓睡不消残酒。

试问卷帘人，却道海棠依旧。

知否？知否？

应是绿肥红瘦。

是从什么时候开始的呢？儿时轻易就能逗笑自己的蝴蝶、蜻蜓，都不知影踪。就连山后碧绿的小竹，亦变成了一道随时可能凋落的风景。

江梅已谢，柳絮初生。窗外又飘过一阵阵少女银铃般的欢笑声，那是一群与她同龄的女子正在追逐嬉闹，看她们笑得花枝乱颤，她问自己，为什么就不能走出门去，和她们一起玩闹？

透过薄细的纱窗，少女向窗外望去，满院的花朵早已不似春日里那般繁盛。唯是她一生钟爱的海棠，翠叶欲滴，花朵浓密艳丽。女儿照花，花更美。尚且记得民国时期的那一段风流韵事，胡兰成曾夸那时陷于爱情的张爱玲是临水照花人。如今，比着花儿，李清照的心思恰也开启，像所有获得启蒙的女子一般，渴求一个能爱她、怜她、惜她的翩翩少年公子。

古来以惜花伤春为题材的诗词不胜枚举，但李清照这一篇更清新脱俗，简单几句便将一个女子惜春的情怀抛洒而出，读之令人动容且印象深刻，如此佳作，其实罕见。

"昨夜雨疏风骤"，春暮昨宵，雨狂风猛。少女敏感的心思原本就为惜春，当此芳春时节，名花正好，偏那风雨就来了。她临窗窥望满院的花红，心绪如潮，被这莫名的风雨恼得不得入睡。

她一眼望到了放在桌上的酒杯，复又起身吃饮几杯淡酒消愁，此时心事翻涌愁正浓，几番下来，酒喝得有点多了。于是，枕着孤夜的寒雨，李清照悄然入梦。一觉醒来，天已大亮。虽浓烈的酒意仍在，但思之昨夜心情，李清照连忙起身询问心中牵挂之事。试探着问起不远处正待卷帘的侍女：海棠花怎么样了？

此句"试问卷帘人"中的一个"试"字，生动地描写出李清照那薄脆、敏感的惜花心思，一夜骤雨，残红遍地，这因果岂是她那般聪慧之人所料不到？然而她还是怀着一丝希望，小心翼翼地试探那卷帘的人。为何雨后院中的情景她不敢去看？这一问究竟是为那些花，还是自己？一切尽在不言中。

却不曾想，侍女只是回望院中一眼，便笑着回答："海棠依旧像以前一眼鲜丽浓艳。"

面对李清照极尽心思的试探，那卷帘人并不知晓她的心意，所以才答得如此漫不经心。简单的一句"海棠依旧"，非但丝毫没能慰藉她心中的轻愁，倒更惹她徒增伤感。主仆二人一问一答，李清照的多愁善感、侍女的淡漠粗心，也便清晰地呈现出来，令人备感欷歔。

终于，在词的末梢，早已料定的局面，还是应李清照的口吻诉说出来："知否？知否？应是绿肥红瘦。"一场大雨过后，院子里、花径丛中，现应是绿色更加丰润，而海棠恐怕只剩点点残红。

这一年，李清照年方十七。在这般美好的如花时节，她的心里，突然产生一种莫名的寂寞。常日所为，依旧是茶前饭后，望着那小径香疏的小院出神、发呆。却不知何时，看懂了一朵朵花的心事，进而迸发了怜花惜春之意。夜深人静，少女的心事，在一个人们尚未知晓的僻静角落，寂寞地流淌着。望着天边青色的云朵，李清照长大了。此时的她，渴求天地间一个男子来爱，渴求得到一份真心，而那伤春惜花的心情，又何尝不是她对自己的怜惜？十七岁，美好的雨季，一生中仅有一次，这样绚丽美好的时节，应该有一个风神俊秀的男儿到来。

自古以来，男欢女爱在青春时节最易萌发。想到《西厢记》里的崔莺莺，私会情郎"游园惊梦"，二人之间心有灵犀地以诗词唱和。

"张生从和尚那知道莺莺小姐每夜都到花园内烧香。夜深人静，月朗风清，僧众都睡着了，张生来到后花园内，偷看小姐烧香。随即吟诗一首："月色溶溶夜，花阴寂寂春。如何临皓魄，不见月中人？"莺莺也随即和了一首："兰闺久寂寞，无事度芳春。料得行吟者，应怜长叹人。"张生夜夜苦读，感动了小姐崔莺莺，她对张生即生爱慕之情。"——书中此段，甚妙。

想此时的李清照，一如书中的莺莺，俏丽芳华，正等待一个痴心的男子，从此恩爱白头。

一首尺幅小令，却因李清照用词极妙，纳下如此丰厚的内容。此词，优雅有，壮观亦然。尤其末尾一句"绿肥红瘦"，四个字原本寻常话语，甚至毫无美感，但李清照却可将其锻造成一个名副其实的佳句，清雅富丽，浑然天成。

怪不得宋人胡仔在《苕溪渔隐丛话》里说："近时妇人能文，词如李易安，颇多佳句。'绿肥红瘦'，此句甚新。"

我言秋日胜春朝

眠沙鸥鹭不回头，
似也恨、人归早。

莲子已成荷叶老，
清露洗、蘋花汀草。

水光山色与人亲，
说不尽、无穷好。

湖上风来波浩渺，
秋已暮、红稀香少。

——《怨王孙》

烟月笼罩，湖水上一层薄淡的雾色。秋天已尽，红稀香少。满眼望去，天地之间皆是一片昏黄。

在这个时节，已是百花凋残，俱无生机。天地之间，唯有江

半生烟雨，半世桃花　　李清照词传

边矗立的枫叶，淡淡的变红，又再由红转黄。深秋，容易使人感觉寂寥。而寂寥，则是与感伤相连。秋风轻轻地吹过，有些冷，人们会下意识地裹紧自己的身体。

自古，描写秋景的诗词很多，诸如宋玉的《九辩》："悲哉，秋之为气也！萧瑟兮，草木摇落而变衰！"人们对于秋景的感受，也就大多数停留在伤怀、伤情的阶段。仿佛天色一凉，树叶枯黄、凋零，碾成泥土，这人间就变成了一个悲剧。其实不是这样的，秋高气爽，秋天带走了夏季的燥热，使人们的心变沉静，自是有它的一番益处。年少时，当我们迎面吹着秋风，不一样曾感到通体畅快、神清气爽吗？

湖上风来波浩渺，秋已暮、红稀香少。
水光山色与人亲，说不尽、无穷好。

莲子已成荷叶老，清露洗、蘋花汀草。
眠沙鸥鹭不回头，似也恨、人归早。

这一年，也许是命中的又一场机缘到了。她竟要跟随父亲，一同离开山东章丘的明水老家，去往汴京。

她听说，那里很繁华。桃红柳绿，春风度化，即便是在如此残忍的秋，那边亦是充满了生机。长到十六岁，终于可以离开家乡，到更远的地方看上一看。她心底，既有不舍，更有欢喜，像所有这个年纪的少女，她对汴京的一切，充满了好奇。

离开的那天，"红稀香少"，往日可见的玫红、鹅黄统统不见了，似在为她的离去而伤感。深秋的景象，总是令人感到一丝寒意，却也让大自然变得更加透亮、纯净。"水光山色与人亲"，一瞬间，那些山水都变得灵动起来，像是被注入了灵魂。

她好奇地张望着世间的一切。因为汴京，她的生命又再开启了全新的旅程。也许，对她来说去哪里不重要，只要能跟自己最亲近的人在一起，天涯海角，亦是能够勇敢相随。

此时此刻，莲叶已老、露洗蘋草，秋意正浓。而沙滩上停歇着许多只鸥鹭水鸟，神态慵懒，似在对如她这般早早归去的人，表示不满。

这一年，李清照去到了汴京。成了一个异乡人。

人都说，"独在异乡为异客，每逢佳节倍思亲"又或者"遥知兄弟登高处，遍插茱萸少一人"。这种孤独且难以名状的思乡情怀，唯有背井离乡、远离亲人的人才能领悟到。每逢佳节，对于那些身在异乡的人，落寞总那么轻易地停留在他们的心上、眼中。他们喜欢在漆黑的夜里，举首仰望天边的那轮明月，想象清辉所照之境，一生都牵挂的家人，是否也在这样的时节，深深地思念着自己。

异乡人是孤独的，是因为他们懂得，从自己踏出家门的那一刻，故乡，渐行渐远，也许自己这一生都无法再回去。

怀想《红楼梦》中的林黛玉，那个手把荷锄、寂寞葬花的女子。当初，十六岁的她因母亲早早病故，按照父亲的嘱托投奔远在金陵的外祖母，真可谓"一朝丧母在人前，寄人篱下定今生"。虽然吃穿用度样样不愁，亦有众多年纪相仿的姐妹相偎相伴，但哪里又比得了自家的轻松自在。每日行动小心翼翼，规矩礼仪概不敢犯，生怕稍有差池就落下不净的名声。受了委屈，只肯将自己交付于哀怨的眼泪。每每那时，总会思念逝去的母亲和再也难回的家园，怎叫她不为自己的身份感到哀伤难过？

这样的情怀与遗憾，早慧的李清照恐怕早已心有所虑。稍比黛玉幸运的是，她成为异乡人时，身边尚且有家人陪伴。母亲王氏虽是继母，却是贤惠通达，而父亲李格非，原本就对她宠爱有加。属于这位少女的一切，都是那样珍贵。

秋风，并不恼人；秋雨，并不多愁；秋景，并不多情。是人的心情作祟。而此时的李清照，二八年华，又不曾经历过多磨难，心是开阔的，爽朗的。她连笑里，都溢满了甜蜜的满足。这样清新脱俗的气质，成全了这一首《怨王孙》，全篇不出一"悲"字，但却写尽秋色，卓尔不群。

有人说，唯有改变，才得生机。如此，李清照的人生轨迹，则是由这一次开始尝试告别过去。尽管当时，她尚且没能遇到后来与之伉俪情深的赵明诚，亦没有经历那些离愁别恨，她的心中还不曾有那样多的伤痕。此时的她，却是一个纯真无瑕的少女，用少女那无邪的眼光，在打量着这个新奇、有趣的大千世界。

　　这一首《怨王孙》具体是在何时所作，现已无从查究。可能是李清照初到汴京描绘的汴京景观，抑或当初离别明水老家，在路上吟诵。唯一知道的是，如此花样年华，李清照对周遭的一切，都秉承着一种深情、天然的姿态，仿若天下美景，皆从她的眼中折射。

　　词里的风物，万种风情，清清爽爽，潇潇洒洒。词以婉曲为贵，李清照的这首词，直抒胸臆，却将景致一一呈现。正可谓，"辞美不如情意真"。

　　此时，她尚沉浸在青春带给她的欢乐里，有些沉醉，有些流连，根本无法察觉，那多年以后，所要遭受的颓败与辛酸。

红杏枝头春意闹

小院闲窗春色深，重帘未卷影
沉沉。倚楼无语理瑶琴。

远岫出云催薄暮，细风吹雨弄
轻阴。梨花欲谢恐难禁。

——《浣溪沙》

离开明水，居于汴京，旧时景物又都改换。父亲仕途顺利，是朝廷提点的礼部员外郎，从六品。虽官职不大，但一家人生活富余，李清照倒是不必为此忧心。但远离故土后，时间突然变得多且密。她哀叹，那些春日的花朵，竟有着被风雨浇打的凄冷命运。

十几岁，正是性好自由和玩耍的年纪。相对于成年后的稳重、年长时的淡然，她现在满脑子想的都是怎么样才热闹，怎么玩才尽兴。如今被拘在一个小小的院子里，李清照只能去更多地关注景物，来排遣寂寞这个不速之客。

小院疏落，暮色深深，李清照迎来了汴京的第一个春天。此时的她，对这座城市多了些熟识。然而多情的性致，却仍旧教她惯用一种凄冷的视觉，体察着渐浓的春味。

> 小院闲窗春色深，重帘未卷影沉沉。
> 倚楼无语理瑶琴。
>
> 远岫出云催薄暮，细风吹雨弄轻阴。
> 梨花欲谢恐难禁。

春意浓，而她仍未宽心，眉心挂着半点愁。这一日，她悄悄地坐于闺房，透过重帘向外望去，虽有花色浓重，却像突然之间与它们失去所有的关联。倒只是因帘未卷而投射下的黑色暗影，更能引起遐思。

萦绕的心事，依旧像雾像雨又像风。百无聊赖中，只有抱着瑶琴上绣楼。寂静天空，安逸流云，一时间皆成为她诉说心事的对象，只是这心间缠绕的愁思啊，到底有谁能化解开？

正所谓，景象虽美，犹少一人。

二八芳华，春心在外，只等摘花人，共赴青春。情窦初开的年纪，女孩子总爱从古典的书籍中寻找那种朦胧的未知的情愫与感动：《白蛇传》里讲白素贞与许仙断桥相遇，私订终身，此后演绎出雷峰塔倒、西湖水干的旷世人妖绝恋，于此，渴望获得恋情的少女都幻想自己就是白素贞，虽不在断桥，亦坚定地渴望一个身着青袍的许仙，许自己一份旷世奇缘；又或者长大些再听任白（20世纪60年代香港粤剧先锋人物任剑辉、白雪仙）台上亮相唱《帝女花》，"落花满天蔽月光，借一杯附荐凤台上"，便又以为自己就是帝女，因此又渴望上天恩赐一个痴情的驸马郎。

这样早熟的情思，对于李清照这样婉约细腻又伤春悲秋的女子来说，一点儿都不稀奇。彼时，她"咏絮之才"的名声早已流传在外，父亲李格非亦早有心为她寻觅有意情郎。前来提亲的人，络绎不绝。

只是爱情是要讲求姻缘的，有些感情有缘无分，有些有分无缘，差之毫厘，谬以千里。只有天时地利人和，方可成就一对璧人，正像白素贞等到她的许仙，帝女迎来她的驸马，感情的事讲求水到渠成，刻意无用。

那么，自己今生命定的那人会在哪里遇到？李清照也在等。

"远岫出云催薄暮，细风吹雨弄轻阴。梨花欲谢恐难禁。"云出云归，时光亦随之荏苒而逝，不觉间，晚景催逼。夜来更兼细风吹雨，轻阴漠漠，结穴于风雨摧花，只恐欲谢难禁。

此作虽亦是一首惜花伤春词，却并不如前一首那样表达得干脆利落，也许正因如此，词作被蒙上了一层朦胧的美感。

少女心事，多如牛毛。此时的李清照未经人事，故这番倚窗独语、顾影自怜的姿态，不免有"欲赋新词强说愁"之嫌。然，此时的少女情思亦绝，愁怀亦真。

历代诗评家评此词时都不吝赞誉。沈际飞在《草堂诗余》中认为其"雅练"，属"淡语中致语"。侯孝琼评说："写闺中春怨，以不语语之，又借无心之云，细风、疏雨、微阴淡化，雅化，微微逗露。这种婉曲、蕴藉的传情方式，是符合传统诗歌的审美情趣的。"

远空之下，那个名叫赵明诚的男子，此时正就读于太学。他的父亲乃是当朝尚书右仆射兼中书侍郎赵挺之。家境殷实，身份显赫，但明诚无心仕途，生平最爱收藏金石书画，闲时逛古物，每逢得之，满足之神情犹如孩童。

当时李清照已有很多作品问世，也不乏被身份尊贵的学者所津津乐道之词。同在汴京，赵明诚自然从他人口中听过她的大名。最初这首《浣溪沙》流传于世的时候，因为风格隽秀、文字清丽，被认为乃周邦彦之作。然而明诚心思敏锐，心中存疑，及家之后立即翻来细读，读罢，震撼良久：原来这首风雅清新非俗流的小词，是出自"词女"之手……自此，对李清照更生出一股敬慕之情。

惊乎？钦佩乎？复杂的情感一时堆积，也许就是从这个时刻起，赵明诚心里住下了李清照这个人。联想到"争渡，争渡，

半生烟雨，半世桃花　　李清照词传

惊起一滩鸥鹭"的游憩意趣，又及"倚楼无语理瑶琴"的淡淡闲愁，再见她"浓睡不消残酒"叹"应是绿肥红瘦"的少女情思……越发心动，想要靠近。

春日的暖阳，暖透心窝，将心事拖曳于阳光之下。原来世间真有这般美好的女子，单凭几首词作，足以撩人心弦，慰人心宽。

"情不知所起，一往而深。"自从心里有了那样一个影，赵明诚渴望相见。或许他也奢望，"牵手情深暖，与之共流年"。总之，闲花时节，分明两处相思。

岁月辗转，天空清远。万里层云，缥缈无常，像这人世间变幻莫测的因缘。

远山之外，十六岁的李清照倚窗独怜。她不知道，天的那一边，一位丰神少年，早已私心暗许，盼见芳颜。

滚滚红尘，情怀泛滥，他先爱上了，或许就是上天巧排的最动人事件。

接下来，要看他的了。翩翩少年，身姿凛然，品格端正，丰神俊秀。只是，如何才能要她知道，命定的因缘，已经到来？

拈花一笑醉红颜

淡荡春光寒食天，玉炉沉水泉
残烟。梦回山枕隐花钿。
海燕未来人斗草，江梅已过柳
生绵。黄昏疏雨湿秋千。

——《浣溪沙》

"清明时节雨纷纷，路上行人欲断魂。"而这一天，正是清明前一天，也就是中国古代传统中所述的"寒食节"。

一年之中，就只是在如此风光却有些清冷的时月，才会让人穿越情思，回溯历史，触景生情，想起那个"四海同寒食，千秋为一人"的介之推。

相传春秋战国时代，晋献公的妃子骊姬为使儿子奚齐继位，设计杀害了太子申生。其弟重耳为躲避祸害，流亡出走，期间受尽了屈辱。一些臣子、随从因不堪受苦，纷纷弃他而去。所剩一二人中有名介子推者，始终忠心耿耿，为救重耳，不惜割股（大腿）以饲。十九年后，重耳摇身一变，成为春秋五霸之一的

半生烟雨，半世桃花　李清照词传

晋文公。感于介子推的恩情，他差人去请介子推，然，不得相见。几次之后，文公亲自上门，才知其早已背着母亲躲进绵山（今山西介休市东南）。为寻觅其下落，文公采用下属意见放火烧山，逼其现身。始终未见。文公率众上山，才发现母子俩抱着死在一棵烧焦的柳树下。晋文公伤心恸哭，并找到其留下的一团血书："割肉奉君尽丹心，但愿主公常清明。柳下作鬼终不见，强似伴君作谏臣。倘若主公心有我，忆我之时常自省。臣在九泉心无愧，勤政清明复清明。"此后为纪念介子推，晋文公将放火烧山的这天定为"寒食节"，晓谕全国，每年这天禁烟火，只吃寒食。由此，每年的寒食节，成了特意祭祀、怀念先烈的日子。

宋朝之前，历朝历代涌现了许多个诸如介子推这般的忠臣，比如颜杲卿。"安史之乱"时，颜杲卿正与儿子季明驻守常山。天宝十五载（756年），安禄山叛军围攻此地，季明当场被擒，安禄山借此逼迫颜杲卿投降，但颜杲卿为了气节不肯屈服，还对其破口大骂，最终季明被杀。后常山终被攻破，颜杲卿被押至安禄山跟前，仍不肯就范，瞋目怒骂，终被处死。

虽为一介女子，但李清照素来忧国为民，一片赤心不让须眉。在这个举国都在缅怀先人的特殊时日里，更加柔肠百转，难以释怀。

淡荡春光寒食天，玉炉沉水袅残烟。

梦回山枕隐花钿。

海燕未来人斗草，江梅已过柳生绵。

黄昏疏雨湿秋千。

　　春光涤荡，暖阁生烟。春光且更春日短。李清照俯卧于室内，头枕玉臂，悄然入梦，又似在半梦半醒之间。

　　寂寞闺中，潦草心事，时光就这样浅浅深深，悄无声息地溜走。室内，玉炉正燃，缕缕香烟，飘然直上；窗外，芳菲已尽，寒声阵阵，又换新颜。"日出天而耀景，露下地而腾文。镜朱尘之照烂，袭青气之烟煴"，虽景象不同，依旧不失为一种闲淡流年。

　　寒食节虽是一个缅怀英魂的纪念日。但一代代沿袭下来，也就主以怀念的格调为主，不再有过多的悲伤情愫。这一天，除了吃寒冷的食物，人们更要举行多种纪念活动，"斗草"就是其中一项。

　　"斗草"是用花草赌赛胜负的一种游戏。古代的女子，平常因要严格恪守封建妇道，大部分时间都置身于闺房之中，并没有多少乐趣可言。而到了寒食节这天，则正大光明地有了一回难得的自由：春寒料峭，南燕未归，然而江上一片丰饶，绿草茵茵。少女们被准许踏出闺房，来到广阔的天地间同玩伴一起嬉戏热闹。上午时分，各家院中、街巷，早已是人声鼎沸，笑声不绝。正像寒食节对于那时家家户户的意义，"斗草"这项民间活动亦有它令人津津乐道的地方。因此，很多诗人才写出了有关"斗草"的一系列诗句，比如：

> 燕子来时新社，梨花落后清明。
>
> 池上碧苔三四点，叶底黄鹂一两声，日长飞絮轻。
>
> 巧笑东邻女伴，采桑径里逢迎。
>
> 疑怪昨宵春梦好，元是今朝斗草赢，笑从双脸生。
>
> ——晏殊《破阵子》

词的内容是，春意盎然，女孩子们逃离闺阁，奔向园林，采集奇花异草，相互比赛，释放天性。而玩乐中的少女，则个个笑意盈盈，花枝招展，映衬着春机盎然。

然而同样是斗草，李清照这首词却并不如晏殊这首轻松愉快，通篇表达的是一个少女在这春光淡荡的时刻，幽闺独处，甚感无聊。虽墙外热闹非凡，一派青春，但她自己却还在伤感燕子未还，不愿出门。闺房正寂寥，凄清噬骨寒。

"黄昏疏雨湿秋千"。天已黄昏，暮色更重。院子里刚刚落下一场春雨。小路沾湿，秋千淋透，似她惜春的情怀，溢满凄冷。抛开本意，这是一个很富有意境的句子。黄苏《蓼园词选》曾评价说："此句可与'丝雨湿流光''波底夕阳红湿'一较高下，若论韵味，'湿'字争胜。"

在李清照笔下，仅一字，便将少女的伤春情怀，写得活灵活现。在这样美好的时节，她一面怀思历史上那些为国捐躯的忠臣，一面感叹少女寂寞深闺的无奈。她或许知道，时光终不会对自己留情：昔日那个乐与鹭鸟争渡的烂漫少女，正一步步走向多愁善感的青春盛年。

金樽清酒且消愁

莫许杯深琥珀浓，未成沉醉意先融。疏钟已应晚来风。瑞脑香消魂梦断，辟寒金小髻鬟松。醒时空对烛花红。

——《浣溪沙》

时光沉淀，净若琥珀。泛黄的旧日历，写满谢幕心事。

在一个深邃的夜晚，清风徐徐吹来，一个花容月貌的女子，举起酒杯，向月问事，对影成三人。红色的唇轻轻碰触杯口，将那透明的液体饮下，心事大片泛起，"嘭"的一声回响，那是心碎的声音。

凄冷孤清，这样的夜晚，不计其数。今夜又是月色明明，独自一人。十七岁的李清照，守着美好的青春，举起酒杯，一边享受寂寞，一般叹息时光。

莫许杯深琥珀浓，未成沉醉意先融。
疏钟已应晚来风。

瑞脑香消魂梦断，辟寒金小髻鬟松。
醒时空对烛花红。

时光飞逝，然而漫长。春情的心思早起，却独独不见那命里牵了红线的人。好在她是聪慧的女子，懂得等待，愿意忍耐这岁月无情的打磨与侵蚀。只是长日无尽，热闹的白昼尚且好熬，可到了这晚风频吹的夜晚，要她该怎样度过？

酒，在如此凄冷的深夜，成了她长久打发寂寥的选择。在晚风中饮酒，挥着衣袖，两盏、三盏，喝下这淡淡的哀愁，融于肺腑，又再酿出新的愁绪……

身为女子，大概还是"无才便是德"吧。没有这敏感的心思，抛却这细腻的魂灵，一生恰如二月花，静静地开，淡淡地来，如此不好吗？为何偏要生就一颗玲珑的心，将这三分风景放得悠远，将自己的心绪不断放空，直伤逝至一缕香魂？

聪慧的李清照，晶莹剔透的李清照，偏不是世间的一般女子。就连品酒，都带着艾草般的芳香，于是，这注定又是一个销魂的夜晚。

瑞脑香消，辟寒金小。自成名以来，她写花，写春，写尽春夏秋冬，身边的事物仿若通灵，早已同她伤怀的愁绪融为一体，共同进退。

"今朝有酒今朝醉"。几盏淡酒饮下，神情清醒，她却先倾倒在长长的、柔和的风里。那上空飘荡着的，是她的情深无人懂，愁对月华圆。

读林徽因的句子：

"人间的季候永远不断在转变，春时你留下多处残红，翩然辞别，本不想回来时同谁叹息秋天！现在连秋云黄叶又已失落去，辽远里，剩下灰色的长空一片，透彻的寂寞，你忍听冷风独语？"

这又是一位聪慧女子的灵动之言。想来是心思缜密的女子更容易沾染相思之情吧！

"莫许杯深琥珀浓，未成沉醉意先融。"寂静深夜，繁星点点，十七岁的李清照举杯独酌，欲醉难醉，在沉醉与清醒之间，夹杂的是她那沉甸甸的心事、沉甸甸的愁伤，数不清，道不明，任由情思泛滥，直到天亮……

魂梦骤断，枕冷衾寒，睁开眼，依稀只有几样冰冷的物什与之做伴。在她多情的眼里，一切都充满了哀愁，与形单影只的自己，合二为一。

琥珀，松柏树脂的化石。透明如时光，透明如杯中酒，炙热清纯，燃尽心中点点愁绪。

烛花，蜡烛燃烧后残留的烬结。层层叠叠。影影重重。像她呼啸而过的时光，在身体里疯长，装满了愁容满腹。

瑞脑，薄薄、透亮的冰片。由龙脑香树凝结而成。

辟寒金，一种鸟。相传三国魏明帝时，昆明国进贡嗽金鸟，鸟吐金屑如粟。宫人争以鸟吐之金饰钗佩，谓之"辟寒金"。（见晋王嘉《拾遗记·魏》。）唐许浑《赠萧炼师》诗："还磨照宝镜，犹插辟寒金。"明陈与郊《昭君出塞》："守宫砂点臂犹红，衬阶苔履痕空绿，辟寒金照腕徒黄。"这里是指用辟寒金做的簪。

心绪繁重，金簪形小。载不动，许多愁。朦胧醉意，卧倒在榻，清醒时分，一切愁绪，烟消云散，只有残余的红烛相对。

通篇无一词直写情思，只几个物件贯穿而成，读罢，却让人清晰地感知李清照心头的阴云。"一切景语皆情语"，李清照的心事，早已注入这些贴己中，情景相映，两两登对，景就是情，情亦是景。

吴熊和先生评这首《浣溪沙》词写道："李清照以'琥珀浓''瑞脑香''辟寒金''烛花红'处处点缀其间，色泽秾丽，气象华贵，可谓不乏富贵态了。"

不要忘了这是十七岁的李清照所写。十七岁，多少人尚沉浸于青春的曼妙美好，此时的李清照却是借酒伤春、点点愁肠了。

那个命定的人儿，怎么还不来？怎么不来解她的风情、宽慰她心怀？人只道"女为悦己者容"，现在却连最关键的看客都没有，叫李清照如何能心安呢？

一个等爱的少女。孤独、寂寥，心甘情愿。

一个来到汴京已有两年的少女，习惯了身边的风景，却仍不习惯清冷的风情。

寒夜的风，微微地撕扯她的心事。寂寞难耐，唯有以酒消愁。或许，可以在半梦半醒之间，赏自我一场欢娱的清梦。她就这样沉醉了，在梦中，抛却这诸多烦恼，去寻那人，在湖光山色下，淡泊山月，流景无殇。这也许便是，在最深的红尘里，与之相逢。没有隆重，亦无璀璨，但，"春光正好，我心欢喜"。

半生烟雨，半世桃花　李清照词传

倚门回首嗅青梅

暮上时分，月圆花好。终遇了，那一个许是前尘就已命定的有缘人。他与她，从青涩时代相识到温暖依偎，在繁华而深重的汴京，度过了一段美满的新婚岁月。少女时代的哀愁，终是凝结成字里行间的墨香，蘸着情思，一笔一画，书写红尘。少女风情，才子佳人。人间，又再添一对，伉俪情深。

邂逅相从只有君

蹴罢秋千，起来慵整纤纤手。
露浓花瘦，薄汗轻衣透。
见客入来，袜刬金钗溜。
和羞走，倚门回首，却把青梅嗅。
——《点绛唇》

　　相信缘分，因而相信世间许多事都是上天注定的。滚滚红尘中，男人，女人，最终都将遇到对的那一个。也许他（她）不一定会最早地出现在你的生命，却一定会出现在你最需要的时刻。"金风玉露一相逢"，果真到了那个时刻，没有什么是不该的，他（她）来了，你爱了。一切都刚刚好。

　　以前的诗词中，那点点轻愁，点点春情，都始终是一个模糊的念想，犹如隔着河岸瞭望美景，总是难以落到实处。只有真正遇到了，抵达了，才能真切感受到它是多么美好。

　　李清照是幸运的。在她流光溢彩散发着清新香味的青春里，在一个女人最美丽的时刻，她遇到了，她确定，那就是她命定的良人。

于是，就有了这一首《点绛唇》。

蹴罢秋千，起来慵整纤纤手。
露浓花瘦，薄汗轻衣透。

见客入来，袜刬金钗溜。
和羞走，倚门回首，却把青梅嗅。

这一日，日光丰盈，庭院开满了鲜花，暗香盈动，沁人
心扉。

她正坐在藤蔓上，荡着秋千，像任何一个拥抱着青春年华
的小家碧玉。那个时代，几乎家家都有秋千院落，女孩儿不常出
门，荡秋千是她们常有的嬉戏方式。

李清照荡在秋千上，远远地望着天上的太阳。日光照射，
没过多久，汗水湿透了她的衣襟，如院落里那些散发着香气的花
枝，她的身上，有女儿家的香气流动。

汗水蒸腾，令她觉得眼前的一切，突然变得朦胧、迷离，像
是一场幻境。她下了秋千架，轻轻地擦洗自己的双手，掌心清
透的掌纹，并没能及时告知她，接下来将要在这个院落发生的
事情。

忽闻家仆引着客人入院的声音，她连忙朝堂内躲闪而去，慌乱之中竟将发髻的金钗遗落在了草丛中。但见来者，少年丰神，精神奕奕。她不觉频频回首，任由两朵红霞飞上脸颊。这来的少年，她不是第一次见，也早已从旁听到了一些风声，早慧的她，自是懂得家中有女初长成的道理。莫非这位公子就是来向父亲大人提亲的吗？想着，越发欢喜，羞涩之情，一言难尽。

　　到底是按捺不住一颗好奇心，少女的心事，在心间缓缓流淌，细密、安静，然而躲不过那狂热的心跳。终于，她还是决定冒一次险，想着念着，便躲在一扇半掩的门后面，那里长了一棵秀丽、笔直的梅树，刚好将她的身体掩盖，于是倚门回首，假作嗅梅，安静而认真地关注着上屋里的一举一动……盛光之下，相遇之初，少女的心事如同眼前那一串尚且青涩的梅，占尽这春日的美好。

　　读罢此词，更为李清照写词的功底所折服。寥寥几句，便将一个女子初涉情思、想见又羞见的形态刻画得淋漓尽致。"和羞走，倚门回首，却把青梅嗅"，放在那个远去的时代，是大胆的，这也多亏了父亲李格非并没按照封建礼俗来严苛自己的女儿，如此才有了一个难得清爽、利落的李清照！

　　而"冒险"的结果又是什么呢？

　　就是这样饱含深情的偷望，犹如惊鸿一瞥，让她将一个丰美俊秀的少年藏进了心中。"与君初相识，犹如故人归"，从此以后，李清照再也不是孤零零的自己……

那么，这位来者，又究竟是何许人也？

赵家少年名明诚，也就是后来与李清照一同携手，踏遍风霜，路过红尘的爱人。关于这二人的恩爱，若要细细讲述，似乎能够写成一本大书。这位少年，并非第一次有感于李清照的才气。

那日，他于书房中昼读，却不知为何，安睡在一旁。梦中，读一书，醒来，唯记得"言与司合，安上已脱，芝芙草拔"，心有戚戚焉，连忙来到父亲面前，将之详细告之。

是时，赵挺之担任当朝吏部侍郎，官居三品，政绩突出。如此聪慧之人，已对儿意，知晓几分，了解到儿子的诉求，不由得抚须自问这其中的利害关系。

原来，在朝廷里，赵挺之向来拥戴王安石变法，又与奸臣蔡京结交，而李格非却是"死对头"苏东坡的门生。近些年来，由于高太后亲近旧党，朝廷逐步废新法，恢复旧制，新党处于劣势。若是此时赵、李两家联姻，日后即使新党改革失败，自己也尚能有一席之地。

利益分析得当，赵挺之心中已有十分的打算。父亲首肯，赵明诚方才胆敢亲自上门提亲，于是便出现了诗词开头的那一幕。

想到就要与心爱的人儿相见，赵明诚欣喜若狂，一夜未睡。说起赵明诚，他虽是赵挺之之子，却志不在官场。相反，他更十分欢喜研究东坡诗文，每每阅之，都作认真摘录。此事记载于北宋诗人陈师道《历山居士集》中："正夫有幼子明诚，颇好文义。每遇苏黄文诗，虽半简数字必录藏，以此失好于父，几如小邢矣。"

可见，赵明诚小小年纪，志向远大，目标清晰，乃是一代良才。

当时，李格非官居六品，任礼部员外郎。能为官的人，自然有几分玲珑心窍，不然何以洞察世事，出入庙堂。而对于一些外来消息，李格非自然也是格外关注。他早就听说赵挺之的这位公子满腹诗书、深谙大义，如今亲自上门提亲，恭卑有礼，不免让他心生几分欢喜。况他一向不是一个斤斤计较之人，至于朝廷中他与其父赵挺之的恩恩怨怨，那也是每个人的选择，不能算在赵明诚的身上。

交谈进行得十分融洽。这两家的联姻，若说是"门当户对"，倒是十分贴切。

新旧交好的时节，只差一场东风，一切便尘埃落定。想来一桩美好姻缘的成就，除却一对有情人互生情愫，更需要借助媒人或者媒物。记得《白蛇传》那"百年修得同船渡"的许仙与白娘子，便是凭借一把油纸伞，敲定终身；而那《西厢记》里的莺莺与张生，也少不了一个红娘来为他们牵线搭桥，互表衷心。

在一个爱着的人的眼里，清风明月亦是美景良辰。连那树下的花草，都幽幽地散发着沁人心脾的清香。自古红颜多痴情，没有哪个女儿家在这样绚烂的青春年华，不渴望着能够收获一段天妒的姻缘。

也是时光柔软，春梦无痕。这一季，有缘人终是相遇。也许这世间最美好的姻缘没有不是上天的巧手安排，所以才有了卓文君与司马相如，有了梁山伯与祝英台，有了许仙与白素贞，有了李清照与赵明诚。

接下来，就只需等待。

自媒人拜过喜帖，转眼数月有余。不经意间，窗外的柳枝抽芽，春草萌发，又是一年新春。这一日，风和日丽，朗朗晴空，城中的赵宅，一阵阵笑声穿彻厅堂，贴喜字的花轿到了门口，亲朋好友们手持红帖，纷纷道贺。

直到傍晚，热闹散去，燃着红烛的新房只剩了这对恩爱的新人，李清照还觉得一切皆恍若梦中。她就这样做了赵明诚的妻子，注定要是那个今后陪他走遍山水、写遍春秋的佳人。那个时候，月光皎洁，院落里洒满一地的清洁的光芒，象征着他们纯洁的爱意。

李清照是欢喜的，在那寂静无声的夜里。若说"百年修得同船渡，千年修得共枕眠"，那么，当她依偎在他的胸前，听着那均匀的呼吸声，当是明白，少女的情思这才获得了盈满，而这样难求的缘分，这一世她竟唾手可得，眼前那熟睡梦中的人，就是她此生的挚爱……

面对岁月的恩赐，李清照无以为报，也许只能写下这首《点绛唇》，以此铭记这红尘里最美的相遇，这世间最珍贵的相逢。

一番风露晓妆新

——《庆清朝》

禁幄低张，彤栏巧护，就中独占残春。容华淡伫，绰约俱见天真。待得群花过后，一番风露晓妆新。妖娆态，妒风笑月，长婵东君。

东城边，南陌上，正目烘池馆，竞走香轮。绮筵散日，谁人可继芳尘？更好明光宫殿，几枝先近日边匀。金尊倒，拼了尽烛，不管黄昏。

三月长安，春重花疏。李清照决定出门行走，当不负这美景良辰。阳光叠落，牡丹飘香。似有一段尘缘，让李清照写下了它。

禁幄低张，彤栏巧护，就中独占残春。

容华淡伫，绰约俱见天真。

待得群花过后，一番风露晓妆新。

妖娆态，妒风笑月，长婵东君。

东城边，南陌上，正日烘池馆，竞走香轮。

绮筵散日，谁人可继芳尘？

更好明光宫殿，几枝先近日边匀。

金尊倒，拚了尽烛，不管黄昏。

此时，李清照与明诚新婚已有一年。夫妻二人相亲相爱，相敬如宾。李清照的每一天，都沉浸在甜蜜中。到底是女儿家的小巧心思，得意之时，也不忘向花卉投入莫大的兴致。李清照爱花。如今汴京街头，繁花似锦，一片深重，真是有些"乱花渐欲迷人眼"的气势，如此景象，倒是恰恰合了她的心意。

牡丹乃花中名流，雍容富贵，世人皆知。相传，武则天登基后的一个冬天，率众臣在上苑赏雪，路过花园时，但见百花凋零，为了显示威严便下令让百花齐放，上天畏惧其威仪，于是百花齐开，唯有牡丹迟迟不开。武则天震怒，遂下令焚烧。亦是因此，牡丹从此被贬出长安城，迁到洛阳。

这自是牡丹与众花的不同了。虽是一介女子，但李清照品行端正，自有风流。她如果是一种花，大概自是牡丹。

写牡丹的词很多。李白："名花倾国两相欢，长得君王带笑看。"白居易："绝代只西子，众芳惟牡丹。月中虚有桂，天上漫夸兰。"

一样的牡丹，一样雍容华贵。却唯有李清照的，别有韵味。也许，那些写惯了牡丹的，都是以男子之眼色。而李清照，兼具词人大家风范，又有女子细腻性情，这才写出了一个姿态妖娆却又略显娇羞的牡丹，让人不由想起白居易的名句，"犹抱琵琶半遮面"。

比起群芳，牡丹自是妒风笑月，惹尽风尘；自是花中第一仙，它于百花凋残之后盛放，私吞这最后一抹春色。于是，人间顷刻变成牡丹天下。试问还有谁能继此芳尘？没有。

另外，因此词不曾言及物名，据宋代王观的《扬州芍药谱》中记载，"晓妆新"是芍药中的一种，而这篇词中恰有"一番风露晓妆新"，故有人论辩此词写芍药。再者，芍药又名"婪尾春"，"婪尾"借指酒宴上的最后一杯，意即为芍药绽放于群芳后，花期比牡丹迟，所以是"独占残春"。最后，根据《本草》中所记述："芍药，犹绰约也，美好貌，此草花容绰约，故以为名。"而芍药谐音"绰约",这是否又为李清照所写之物乃是芍药,增添一物证?

但不论何花,牡丹、芍药,自有李清照的风韵夹裹其中。

阅读此词,只觉身心放松、视野开阔,李清照正是擅长于此。人生中所经历之春众多,却为何独此春娇艳动人?——呵,皆因有美好的爱情陪衬啊!眷念一个人,又能幸运地执子之手,该是多么幸运的事情!

想到沈从文写给爱人张兆和的句子:"我行过许多地方的桥,看过许多次数的云,喝过多种类的酒,却只爱过一个正当最好年龄的人。"爱情,苏醒了一颗文采飞扬的心。

也许你有这样的经历,特别是女性。当你有缘获得一份完满的爱情,对花朵便会肃然起敬,会喜欢荷花的艳丽、菊花的绚烂、桃花的灼灼、百合的清香。当你俯身轻嗅,淡淡的花香入脾,你会发出会心一笑。其实,各花清香虽有差异,但最终莫不是一道爱情的甜味。有爱情的人,才更容易贴近春天,才会更加认真欣赏花朵的美丽。就像李清照眼前盛放的这些花朵,此时观赏,自当比平日更多一份雍容华贵,这是赏花人的心事。她与花朵之间,在无形中学会交流心语,这是爱情的力量。

春日盛盛,花团锦簇。"花开堪折直须折",对花畅饮,举杯共醉,趁此年华,尽情挥洒。因为她要"金尊倒",她要"拼了尽烛",以至于"不管黄昏"。

不管黄昏，是要在这黄昏中，绽放自我，不负流光……

李清照醉了，且愿长醉于花下；李清照拼了，愿拼尽青春韶华。

李清照与花，互成美好。

于是，不管这花是芍药抑或牡丹，皆已与人互映，美作一瞬。最终，她享尽良时，亦没有辜负这一场有缘的怒放。

此花不与群花比

——《渔家傲》

此花不与群花比。
珑地。共赏金尊沉绿蚁。莫辞醉，
造化可能偏有意，故教明月玲
玉人浴出新妆洗。
枝腻。香脸半开娇旖旎。当庭际，
雪里已知春信至，寒梅点缀琼

李清照从来爱花。她品质清洁，格物致知，一生留有多首咏物词，其中又以花木意象为最。女子总爱拈花自喻，许是因为世间万物的精灵，唯以花朵最称心意。女子爱花，这亦是亘古不变的巨大真理。况李清照一代才女，更习惯借花木而造境，以表达

半生烟雨，半世桃花　李清照词传

自己的人格操守。

"咏梅"，她并非第一人，然却将内心深处的情思与精髓融于其中，令花朵享受灵魂，与人合二为一，这一点实属难得。

雪里已知春信至，寒梅点缀琼枝腻。

香脸半开娇旖旎。当庭际，玉人浴出新妆洗。

造化可能偏有意，故教明月玲珑地。

共赏金尊沉绿蚁。莫辞醉，此花不与群花比。

古来写梅者不计其数，晏几道写离情："横玉声中吹满地，好枝长恨无人寄"；周邦彦写羁旅之思："今年对花最匆匆，相逢似有恨，依依愁悴"；林和靖写梅之孤高超尘："疏影横斜水清浅，暗香浮动月黄昏"……

这些优秀的作品，使梅花那凛寒的习性深入人心。品梅、赏梅、观梅乃至颂梅，已成为越来越多人的喜好和选择。渐渐地，梅就成为君子人格的代表。暗香浮动，孤芳傲世，咏梅词总觉清冷，虽有淡泊静雅之气，却也让人深感寂寥，不免心生怜爱。

爱上一物，也许同爱上一个人一般，极需讲求缘分。李清照爱梅，自是爱出了有别于其他士大夫的一种味道，这是否可说明其与梅素来有着不解之缘？这篇《渔家傲》清朗俊逸，读毕，非但没有一丝的凄冷，反而让人甚觉欢快愉悦，耐人寻味。

"雪里已知春信至"，写出一个饱含希望的春，清寒与孤寂，一扫而空。一夜的风雪将瘦弱的花枝变得丰腴，似有一些富态之征。清雅艳丽的腊梅点点盛放，将雪白的世界尽情点缀。那红，从雪里喷薄而出，带着新鲜的春色，来报春的消息。银装素裹的世界里，因有梅的存在，亦是惹火。放眼望去，红与白，争相出镜，一片冰与火——这正是漫漫长夜之后，大地绽放的所有惊喜。

隆冬的一个清晨，李清照赏花，也赏自己。在众多的花中，李清照独爱梅。她是一个聪慧女子，懂得世间的艰辛。最难得的是，她愿意让自己像梅，坚韧、执着，品格高纯。梅在她眼里，有着极致的美好。

"香脸半开""玉人浴出"，它们都是她眼里的美人，国色天香，倾国倾城。苏东坡咏梅"玉骨那愁瘴雾，冰肌自有仙风"，同样是拟人，窃以为李清照的更加细腻温柔，出自女子之手，一目了然。

一直以为，只有女人，才懂得女人的美。一个男人，免不了要用"色欲""肉欲"的眼光去品评女人，描绘出来的梅，容易流俗于外形。而女人，因通晓梅的内心，则更容易写得客观、

半生烟雨，半世桃花 李清照词传

真实。

古往今来，历史上有很多女子，生性高洁，清丽脱俗，像极了寒夜风雪中的有着铮铮傲骨的梅。如一代女皇武则天身旁的上官婉儿，她的额头就曾刺了一朵娇艳的梅花。据说，武则天有次冤枉了她，要刺配，后来她发现自己错了，因其性格倔强无法收回成命，就在上官婉儿的额头留下了梅花的印记。

还有梅妃——唐玄宗的宠妃，亦是钟爱梅花，故在额头描上。

文人散士对梅花的钟爱，各有不同。历史上最爱梅花且极具其品行的，大概也只有林逋，"众芳摇落独暄妍，占尽风情向小园。疏影横斜水清浅，暗香浮动月黄昏。霜禽欲下先偷眼，粉蝶如知合断魂。幸有微吟可相狎，不须檀板共金樽"。一句"暗香浮动月黄昏"使他名垂千古，更将梅花姿态之绝美呈现得淋漓尽致。

梅，若用作称呼，也多是女儿名。而历史上的一些美人，也都与梅花有着千丝万缕的关联。南朝宋武帝的女儿寿阳公主，据传某年正月初七，公主曾于含章殿下邂逅一朵梅花，此花落于公主额上，拂之不去。几日后，梅花自行脱落，在其额头印下五个花瓣的梅花印记，遂后宫轰动，争相效仿，只因此妆令人俏丽生姿，玲珑剔透。此妆因有梅花，便称作"梅花妆"。

梅花如此可爱，盛放之际，明月玲珑，教李清照如何不心醉？窗外夜凉如水，梅花映雪，又逢清朗月夜，花月交融，而李清照自己此时亦有份大好姻缘，这如何不令她愉悦？此情此景，此景此人，此人此心，这般美好的夜色、景色、人色，让她心潮澎湃，再也按捺不住，想来也只好"共赏金尊沉绿蚁。莫辞醉"。在这有酒有景的时光里，一醉方休罢！

尽管，花色无声，夜景无情，心潮澎湃的只是观花人的心情，但"此花不与群花比"，情感迅疾迸发，词人诗性盎然，借着酒与月，抒发了一道热切的喜悦！

这个夜晚，如此沉醉。虽说写梅，但美到动人的又岂止是花！词人的心醉了，一支玉笔，吐纳芳华。千百年后，当读到这首词，在字里行间，人们还能寻觅到李清照彼时的欢乐，深感她的得意、她的气节、她的文化精髓！

"零落成泥碾作尘，只有香如故"她像梅一样，穿行于百媚千红的世间，孤绝清丽，镇定自若。

问郎花强妾貌强

卖花担上，买得一枝春欲放。

泪染轻匀，犹带彤霞晓露痕。

怕郎猜道，奴面不如花面好。

云鬓斜簪，徒要教郎比并看。

——《减字木兰花》

这是春日浓盛的汴京，空气中溢满了各种花朵的芬芳之气。《东京梦华录》里记载："月季春，万花烂漫，牡丹、芍药、棣棠、木香，种种上市。卖花者以马头竹篮铺排，歌叫之声，清奇可听。晴帘静院，晓幕高楼，宿酒未醒，好梦初觉，闻之莫不新愁易感，幽恨悬生，最一时之佳况。"这话正是反映了汴京的繁华景色。

新婚宴尔，美梦成真。这一年的春天，终于不只是愁与伤感。她出门遇到卖花之人，在花担上精挑细选，得到了一枝含苞怒放、载满春意的鲜花，小心翼翼地带着花枝返回，让整个春天在她的手掌心盛放。

卖花担上，买得一枝春欲放。

泪染轻匀，犹带彤霞晓露痕。

怕郎猜道，奴面不如花面好。

云鬓斜簪，徒要教郎比并看。

春日初暖，翠柳含烟。她轻轻地捻住花枝，细细端详，只见它花色娇妍，粉嫩欲滴，是如此惹人怜惜。李清照向来习惯以花自喻，此时此刻，此情此景，她不由得担忧道："连这小小的花枝看了都叫人心生怜爱。那我呢，我在丈夫的心里，会不会像这可人儿的花枝一样，牢牢地牵引着他，使他甘愿一生小心疼爱？"

这样想着，李清照却先在心里给了自己一个否定的答案："怕郎猜道，奴面不如花面好。"她真的心怯了吗？担心自己并不比这花朵美好，不能够长存于他的视线？"云鬓斜簪，徒要教郎比并看。"其实不然，这大千世界的万紫千红虽缤纷如云，可她却是才思敏捷、青春正浓，姣好的面容与婀娜的身姿，活脱脱一个倾城丽人，又怎能比不过这小小的一枚鲜花？她偏要细心装扮一番，试要与花在丈夫面前，比出个高低。

每逢读到这里，总要心生感慨：任是花中自有风流的易安居士，在丈夫面前，原来也不过是一个渴望得到恩宠的小女人。是的，作为一个女子，李清照的日常生活与其他人并无任何不同之处，她也渴望两情相悦，渴望天长地久，渴望携手一人，红尘共老。

所有的欢喜，都只是因为那个她故意想要讨好的人。

正像"会哭的小孩有糖吃"，会撒娇、娇嗔的女人，更容易获得丈夫的怜爱。

"女为悦己者容"，傲娇或者娇嗔，不过是为了讨好面前这位心心念念的爱人罢了。想一想，这时候的李清照，果然可爱、单纯。

这篇词应当写于婚后不久，她正全心全意地沉浸在甜蜜的爱河中，举手投足间俨然一个渴求丈夫关爱的小女子。一句"徒要教郎比并看"，便将李清照故意使小性儿，可爱单纯的女儿一面，显露无遗。

然而到这里，词却没有了。李清照并没有接着写赵明诚的反应。但这一切似尽在不言中。赵明诚应该已经被堂堂一代女才人孩子气的举动弄得啼笑皆非了吧？又或者默默地注视着眼前灵动的李清照，满含柔情。这样的女子怎能叫他不爱呢？又怎么是一枝鲜花轻易就能比拟的呢？花虽娇嫩，但赵明诚不多情。那一刻，从他温情注视着的眼眸，分明可以捕捉到怜爱，满满的怜爱。

——他早已为她心动。

然而，这就是这对有名伉俪的全部生活乐趣了吗？非也，非也。

一对伉俪，鹣鲽情深。新婚以来，感情是如胶似漆。赵明诚当时在太学上学，每月只有初一、十五可归家，即便太学毕业后为官，也不可能天天守在家中陪伴李清照，因此他们不会是朝夕相处、耳鬓厮磨。但爱情的快乐对他们而言，幸好也并非每日朝夕相处、耳鬓厮磨。他们要的，是一种真正的精神上的契合，这种契合，与能够待在一起多久，毫无关系。

李清照与赵明诚皆才学出众，他们最幸福、快乐的事便是一起进行高雅的艺术创作，遨游在星河璀璨的艺术天空。当然，除了这些，他们也会邀请其他的朋友前来一起分享彼此的快乐，"谈笑有鸿儒，往来无白丁"，这样优秀的夫妻，他们所认识和交结的朋友，自然也都是饱读诗书礼仪的有志之士。

诗歌创作尚且容易办到，但收集金石碑刻文物字画，则需耗费大量钱财。虽二人皆是官家子女，但二人的父亲却都是出自寒门，家教甚严，因此即便都在汴京为官，也并未通过官位给予子女多少优待。

赵明诚当时在太学，期间根本没有经济来源。虽然在经济上不宽裕，但李清照为了满足丈夫心愿，时常省吃俭用，想尽各种

半生烟雨，半世桃花　　李清照词传

办法。

翻阅李清照晚年所写的《金石录后序》记载：每到赵明诚归家的这天（初一、十五），夫妻二人便笑着挽手上街，一起典当衣物，如此换得五六百钱，然后欣喜若狂地去到汴京很有名的大相国寺。那边有个很大的文物市场，是李清照与赵明诚每逢相聚必去之地。

夫妻二人携带着不多的钱财，穿梭于人群中，在市集上精挑细选。回家后，对着辛苦淘来的东西左看右看，爱不释手，欣赏、把玩、考证，获得了极大的乐趣。

回过头来再看李清照的这一篇词，简练平白，直露男女间的浅俗情趣，到底招惹了许多人的非议，说她"词意浅显，亦不似他作"。

但，大家不要忘记了，李清照原本就是一个心思细腻的女子，渴望爱情，渴望能与心上人白首偕老，共度一生。她身上亦有着小女子盼望垂怜的俏丽心思，懂得轻颦浅笑、撒娇嗔痴只不过为了寻求一份真实的温情。她只管写真实的自己，笔端皆流露真性情。而不是像别人看待易安居士那样看待自己。她活得真诚、洒脱，一点都不矫揉造作。这首词，正突出了她为人不常见、娇俏可爱的一面，是一首难得的生活之词。李清照的词是灵动的，有她的生活姿态，有她的尘世心愿，有她的痴迷不悔，有她的痴与怨……

爱，原本就是一种很玄妙的东西。或许，在面对其他人时，李清照尚可严肃以待，但在心爱的丈夫面前，她为何不能尽情展现一个小女子的姿态？也正是爱，才令赵明诚看到了李清照不为人知的一面，是爱，让这篇词诞生，让世人走近一代才女李清照，更加细腻、深入、全面地了解到一个真实的李清照。

"天地初开日，混沌远古时。此情已滋生，代代无终息。妾如花绽放，君似雨露滋。两情和缱绻，缠绵自有时。"琼瑶曾以美句如此这般形容两情相悦的男女。依我看，李清照与赵明诚，正是这描述中的一对佳偶。

对李清照来讲，今生遇到赵明诚，她也甘愿不问前尘，只是深深地留恋和沉溺在那散发爱怜的温柔目光里，安于岁月，与之共白首。花花世界，萧索红尘，唯愿拟一纸素笺为裳，浓墨为妆，沐月盈香，盛满他的模样。

"徒要教郎比并看"，在这个世上，倘若还有一份真挚的情感，那必定是李清照眉梢的浓情，赵明诚眼底的笑意。

那些情深似海、相互依偎的日子，多让人艳羡曾经的花好月圆，即便这美好的一刻终将失去，但此时此刻，李清照那清透的灵魂，却是绽放着温暖的火焰……

君须怜我我怜君

晚来一阵风兼雨，洗尽炎光。

理罢笙簧，却对菱花淡淡妆。

绛绡缕薄冰肌莹，雪腻酥香。

笑语檀郎，今夜纱橱枕簟凉。

——《丑奴儿》

　　清风。傍晚。一阵凉意，但却是舒服的凉意。这风和雨都是有人情味的，在天地需要它们的时刻，痛快降临，为人们洗去了一身疲惫。情思，因为身心的愉悦，开始变得轻松、有趣。

　　倘若，今生没能遇到他。她是否还会欣喜这一场好雨，是否还有心思"理罢笙簧，却对菱花淡淡妆"？

　　或许，遇见了爱情，一切都要疯长。在如此美妙的时节，就注定会发生一些美妙的故事。

　　她的精致装扮只为他，他的目光流转中，拥有一生一世的眷恋年华。

　　一生究竟有多长？因人而异。一生太长，曾以为会铭记到死的过往，就那么轻易被流光打散，再回首，一些曾重于泰山的人，早已消失踪迹；一生又太短，总有一些人事恋恋不舍，忘不掉，放不下，在午夜梦回的时刻，是那样轻易叫人惊醒，泪流满面。

而如果，此生有缘遇到那个真心的人，又能够得到祝福彼此相守，哪怕不足一生，想必亦是再无遗憾了吧。只因这过程太过美妙、动人，让人忘记时光，它竟然依旧舍得飞逝。是在怎样的情境下，李清照写下了这样的词句：

晚来一阵风兼雨，洗尽炎光。
理罢笙簧，却对菱花淡淡妆。

绛绡缕薄冰肌莹，雪腻酥香。
笑语檀郎，今夜纱橱枕簟凉。

夜凉如水。星河璀璨。窗外的月色，将这一对璧人映衬得越发美好，似幻景一般，看一眼，都惹人沉醉。

她完全没有睡意，身上只披了一件丝一样薄的单衣。他亦清醒着，透过月光看到她那半裸露的，渗透着莹光的玉肌。情与欲在黑暗之中默默涌动，均匀的呼吸此起彼伏，他是鲜活的，她亦可伸手就可触摸。月光将这一刻小心雕刻，她看着他明亮的眼眸，突然发出一声娇嗔的笑声，这笑声十分轻盈，所以听上去温柔、动听，她说，今夜的月色很美，只是寒意侵染，这纱橱的枕簟显得有些冰冷。

像"徒要教郎比并看"，李清照的词似乎又是在不该收尾的地方，收了尾。那么，赵明诚该是如何做的呢？想必，他一定温柔地张开炽热的胸怀，一把将她裹入怀中，用躯体为她赶走一切寒冷。

这一段幸福的婚姻生活，想必该是李清照一生之中最美好端然的日子吧？倘若日后国家没有分崩离析，她的丈夫亦守护在侧，那么，她就不用孤零零一人独自面对冷漠的人世，不用在痛苦的思念中，度过余生。而如果没有这些温暖的过往，她日后会感到轻松一些吗？如果可以选择，那会是放弃这段美好还是依旧小心拥有？

然而，相爱的日子，终是短暂的。比春花的绚烂还要短暂，比秋叶的飘零还要凄冷。或许正是因为短暂，这一切，才会如此地，教人流连。

正是靠着这些过往的温暖，她在日后没有他的日子里，坚强度过，艰难支撑。点点滴滴，每个温存从内心划过，她，既暖且疼，既痛又有欣慰。

人生充满了变数。可供疗伤的温暖，总也有限。但李清照认为今生得遇赵明诚，已经是上天所赐予的最大恩德。他与她同心连理，与她是同好知己，一路走来，相似的家世令他们关注点、兴趣点，难得的一致。

李清照深知赵明诚喜爱收集金石雕刻，她爱他，自愿相助，这是一种情感上的共鸣。他二人经常出入大相国寺文物市场，每每淘到钟爱物品总也爱不释手，互相欣赏、把玩、鉴别。但因为经济拮据，却时有喜而不得的遗憾发生。

一次，有人听闻此二人喜爱收藏珍贵字画，便带着南唐画家徐熙的《牡丹图》求上家门，李清照、赵明诚听明来意，连忙展开画卷，只见其笔墨清新、有力，夫妻二人对视一眼，鉴定此画确为真迹。但对方开口要价二十万，使二人感到为难。但他们又实在喜欢，便好言说尽，借了回家去看，那一夜，烛火通明，直到天亮。他们爱不释手，奈何确实拿不出那么多的银两，考虑再三，终是放弃。"尝记崇宁间，有人持徐熙《牡丹图》求钱二十万。当时虽贵家子弟，求二十万钱岂易得耶？留信宿，计无所出而还之。夫妇相向惋怅者数日。"（选自李清照《金石录后序》）

这是一些生活中的乐趣，尽管不如意，但在李清照心里，有赵明诚在身边，现世即是安稳。在这个世界上，大抵没有人真正喜欢颠沛流离，无枝可依。我们的心，也都甘愿长久地栖息在一个温暖的地方。对于李清照来说，不管有多大的风雨，只要赵明诚在，一切都不可惧。想来，人生在世，所求的也不过就是这样一种安心。

这阕《丑奴儿》，用意妖冶大胆。王灼曾在《碧鸡漫志》中作此评价："作长短句，能曲折尽人意，轻巧尖新，闾巷荒淫之语，肆意落笔。自古缙绅之家妇女，未见如此无顾忌也。"

同样"轻巧尖新"的，还有南唐李煜的一首《一斛珠》："晓妆初过，沉檀轻注些儿个。向人微露丁香颗，一曲清歌，暂引樱桃破。罗袖裛残殷色可，杯深旋被香醪涴。绣床斜凭娇无那，烂嚼红茸，笑向檀郎唾。"

"檀郎"一词最初源于美男子潘安。后人常用此指代女子的心上人。两词均是发自内心的真挚表达，故后人常念："男中李后主，女中李易安。"

有人评价李清照在这些词中掺杂的关于情色的描写，实在是在捣毁自身的形象——为什么真实地表达出了自我，却被认为是一种捣毁形象的做法呢？难道有才华的女词人就不能拥有正常的情感了吗？人，美在日常生活中，而不是书本里、诗词上。那只是人们幻想的一个死去的美人，可李清照是活脱脱的一个人，她需要被关照、被抚爱，写出来，有何不妥？

况且，她一向都无所顾忌，率性不羁，写得出这样的辞藻，也正是她的性情所致。

不论何时何地，性情真挚的人，自会谋得一片天地。

她只是那样轰轰烈烈地爱过，只是那样情真意切地感受过。只是渴望与一人厮守，终老，不负韶光。

当阅读这首词时，请你把她当作一个婚后不久、正沉溺于甜蜜爱情的小女子看待吧。因为不管你是谁，终将拥有这么一天。

与你心爱的人，同床共枕。在一片寂静的月色中，笑着问候他的生活起居。

永远不要忘记，人世种种，得以被记录下的，原本就十分有限。莫到春色短，辜负了这一世的美好姻缘。

这一路走来，且行且惜。

離人心上秋意濃

寂寞深闺，柔肠一寸愁千缕。
惜春春去，几点催花雨。
倚遍阑干，只是无情绪。人何
处？连天芳草，望断归来路。

——《点绛唇》

又是春去。寂寞深闺。

那一年，芳菲有如林海，漫天飞舞的是青春的红。她就这样遇到了他，在她最美好的年华。这命定的美好姻缘，才是刚刚开始。新婚宴尔，卿卿我我，正是你侬我侬。从不曾想，他会变成一个影子，从她的生命中暂时抽离——如此地决绝、迅疾。来不及看她对镜贴花黄，来不及为她画眉到黄昏，甚至来不及，暖她的身体，慰她的相思。

思念像一条饥渴的鱼儿，游遍她的发肤，于是就有了这样的诗词：

寂寞深闺，柔肠一寸愁千缕。

惜春春去，几点催花雨。

倚遍阑干，只是无情绪。

人何处？连天芳草，望断归来路。

当他不在身边，她才懂得，以往那些惜春、愁春的情思，是多么单薄。只因一切尚且没有相思的对象，再深的眷念，也不过是惋惜春的早逝，流于俗表。而如今，锦绣的鸾床上放了他们两个人的被，每晚却注定只是她一人独睡。天色渐晚，屋内燃起灯火，跳动的烛光，不懂她对远方的牵绊。赵明诚啊赵明诚，上天若有意赐我锦绣爱情，为何又让你我分离？

剪不断的，是她思夫的愁绪。只是这人间，哪肯因为她的多情，就送来一段现世安稳？

事实上，人间多的是离散，现世少不了兵荒马乱。

这是李清照与赵明诚婚后所经历的第一次变故。因"元祐党人"事件。根据《宋史》的记载，"元祐党人"事件具体指的是以王安石变法集团为一方的改革派新党与以苏轼等为另一方反改革的旧党所进行的斗争。

元祐年末秋天，亲近旧党派的高太后去世，宋哲宗亲政。与高太后不同，宋哲宗一上任就对新党投入极大信任，很快，新党人员得到提拔，被相继委以重任。而以苏轼为首的旧党一派则遭遇贬谪，其中包括秦观、黄庭坚等。

宋哲宗的弟弟宋徽宗即位之后，更加重任新党，从而对旧党彻底打压，力图一网打尽。由于蔡京此时正处于新党领袖地位，故而得到皇帝的赏识。而当时赵明诚的父亲赵挺之才华出众，又是蔡京的绝对拥护者，自然一路青云直上，官运亨通。正所谓"一人得道，鸡犬升天"。

这对赵家和李清照来说，原本该是一件喜乐的事情。但李清照的父亲因当时与苏轼等人来往甚密，故而被朝廷视为敌对，牵连归类至"元祐党人"中。事发之后，李清照写诗向赵挺之求救，恳请其念在联姻的亲情上出一把力，却为赵挺之所拒。他的心里，此时正酝酿着一个亲近皇室就此飞黄腾达的富贵梦。绝望之余，李清照写下"炙手可热心可寒"，从此与赵挺之关系甚淡。

宋徽宗崇宁二年九月，朝廷颁布法令，昭告天下，要求"宗室不得与元祐党子孙及有服亲为婚姻，内已定未过礼者并改正"。由此，李清照作为李家唯一的女儿，纵是含冤受辱，也是难逃干系。

李清照不忍见父亲身陷牢狱，却又无法在公公面前求得盛情。百般煎熬之下，只好暂时收拾行李，辞别汴京，独自一人回到了山东明水老家。

自此，与夫君赵明诚分别。

"明月照千里，思君何时归？"在"元祐党人"事件的影响下，李清照对丈夫的思念，早已超越一般的夫妻之间的情思。这相思里，既夹杂着她对父亲安危的深切担忧，又夹杂着对未来赵、李两家关系的愁困。

女人，也许天生就是脆弱的。任她才华横溢，时人敬仰，此时此刻，也唯有就着晚风，写几句诗词，聊以自慰。

只是，远在天涯，孤身一人，原本想要躲开那纷扰的世事，寂寞却将孤独刻画得更深。"柔肠一寸愁千缕"写她此时的心情，满满的愁绪，无从梳理，无从言说，无从渲泄。清冷的深夜，春色已远，而她身在远方，却无时无刻不在惦念着，那另一片天空下的所有。

孤独的长夜里，清绝、无声，唯有思念相伴。当遇上了那人才知，相思有多浓。原本应当他二人共处一室，温暖相偎，可是现在……遇到了爱情，任你多么骄傲，一旦分离，都要陷入这透骨的思念中，只因从他闯入心中的那一刻，一切便没有退路……

斜风，疏雨，点落黄昏。雨水冲刷了静默的落红，零落成泥，黯淡的余香袅袅袭来，令她又明了眼前的一切。

"雨横风狂三月暮，门掩黄昏，无计留春住"，同样是写伤春，欧阳修的笔调颇为浓烈，而李清照的，则淡笔含深致。只是无人能察觉，这淡然的背后，是她已经放下，还是已然绝望？没有那人，眼前再好的风景，亦是注定一场空。

人世间，对于一对有情人来说，最残忍的无非就是，离别。

《神雕侠侣》中，一对神仙眷侣，江湖漂泊，原本可以携手相伴，过着无忧无虑的日子。然而小龙女身中情花之毒，世无解药，绝望之下竟撇下痴情男子杨过，独自坠崖。为了不让他伤心自寻短见，更在崖上刻写十六年后再相见的残酷谎言。并蒂无莲，鸳鸯失伴，从此以后，杨过孑然一身，孤独地在江湖上闯荡、流浪。

《天龙八部》里的乔峰与阿朱，一个是盖世英雄，一个是如花美眷，在似水流年的韶光相遇，相互许下"塞上牧羊放马"的美好誓言。然而，造化捉弄，阴差阳错之下乔峰亲手杀死了心爱的阿朱。从此，天人永隔，今生来世都不再相见。

孤独，就这样杀死了人心，杀死了爱情。然而，那人就是他们的唯一，所以十六年后，杨过终于等来了小龙女，而乔峰则去了黄泉，也许吧，人间未能实现的心愿，他们终将在地下圆满。

而李清照，亦有这样的痴情。她痴痴地守候，宁肯为他将最后的春光都辜负。日暮黄昏，倚遍栏杆，那痴情而灼热的目光，日日端然地盯着那条熟悉的路途。

　　一次次地希望，一次次地叹息，又一次次地失望……他为何还不回来寻我？一声来自心底的发问，打破了静谧长空，惊颤了摇曳在风中的萋萋芳草。然而，极目之下，远山之外，行云、流水，寂静无声。

云中谁寄锦书来

江梅已谢，红桃不开。诚如世间之美好，总是稍纵即逝。一如她与明诚，红烛软帐，两相情好，终于分崩离析。『元祐』事发，鸳鸯拆散，李清照的生命里，再照不进半点温暖。等待，成了一个少妇最无奈的心事。等春风，等花开，等山樱红透层林尽染，想必那时，他在重逢路上，笑容烂漫。

未妨惆怅是清狂

红酥肯放琼苞碎，探著南枝开
遍未。不知酝藉几多香，但见
包藏无限意。

道人憔悴春窗底，闷损阑干愁
不倚。要来小酌便来休，未必
明朝风不起。

——《玉楼春》

　　谁人不想寻得安稳生活，纵然在官场，也终是希望能够得以
全身而退，恬静淡然。然而，"现世安稳，岁月静好"永远是挂
在墙上的美好祈愿，与现实相比，远在千里之外。对于李清照来
说，倘若命中没有那场浩劫，此生是否便会温暖如春？而她也可
以做个性情淡然的女子，清淡如梅，天真一世。

　　只是她终究没能逃过命运最残酷的"赐予"。新婚不久，她
便与赵明诚分隔两地，一个在繁华的汴京，一个在寂静的青州。
思念的煎熬，独处的寂寞，等待的痛苦，都让她感到无比沉重。

红酥肯放琼苞碎，探著南枝开遍未。

不知酝藉几多香，但见包藏无限意。

　半生烟雨，半世枫花　　李清照词传

道人憔悴春窗底，闷损阑干愁不倚。

要来小酌便来休，未必明朝风不起。

　　心是痛的。情感炙热，无处释放。李清照举起了酒盅，提起了毛笔，观起了梅花，就有了这一首"百转千回，荡气回肠"的"咏梅"词。李清照曾多次赏梅，写梅，那句于平淡流年写下的"共赏金尊沉绿蚁。莫辞醉，此花不与群花比"，道尽了她对梅花的热爱，也道尽了漫步红尘的喜悦之情。如今眼前，新梅依旧含苞绽放，冬去玉楼又迎春，年年春意惹人醉，但李清照，却遗失了那过往的快乐，变得忧心忡忡。

　　眼前，梅妆初开，若红色凝脂，生机盎然，全然不懂人间哀愁。"肯放"一词，简洁点明词人与花枝的互动，证明这是等待许久，才得以欣赏得到的梅开。——此处寄予李清照莫大的希望，她盼望朝中的乱世，能像自己等到梅花绽放一般，经过等待，能换回一个风平浪静。

　　怀着一片深愁，词人写梅的形态、意态，由外而内，歌颂梅之坚贞、顽强，与众不同。与此同时，也从梅的身上得到启示，面对困境，在这急景凋年，她要做一枝梅，兀自顽强，就算挣扎，也要无畏风雪。

初生的梅，使人眼前一亮，内心欢喜。但视线之外，依旧是笼罩暗黑势力的朝堂。似有暴风雪，今夜摧残来。想必，这样明艳动人的梅花，亦是转眼就要覆灭了吧？——词的下阕，李清照困于内心的纠结与痛楚，一点点浮出水面，像一根细长的针，扎得人心痛。"道人憔悴春窗底，闷损阑干愁不倚。"再清丽的风景，瞬间都不再与她相干，她只一心遁入那个有些振聋发聩的噩梦。斜倚阑干，花色重重，可她只有情浓愁闷。那个令人胆战心惊又手足无措的现实啊，她能拿它怎么办呢？只有饮酒，在风里。——莫要等到明天，明天连这些娇艳的花儿都败落，只能拥风睡去。

再想到父亲，已经不可避免地卷入党争，而她能做的都做了，事情没有门路，就连自己也只怕要如这些花儿，朝不保夕。在未知的命运面前，她是这样的无力。

奸臣当道，家遇横祸；磨难重重，长日无尽。"诏宗室不得与元祐奸党子孙为婚姻。"一道旨意让一切都逃不掉，躲不过。

此时的李清照，万念俱灰。被迫与赵明诚分离，更令心内忧患，行于归乡途中，抬头望天，以泪洗面……

女儿家的心思，原本应当用最好的感情来滋润。这世上唯一看透女人心的男儿，贾宝玉曾说："女儿是水做的。"晶莹透彻，不像稀泥和成的男子，稍有不慎就臭气熏天。走在繁花似锦的人世，也许每个女人的心中都做着这样一场梦："我一生渴望被收藏，免我惊，免我扰，免我四下流离，免我无枝可依，免我流离他乡，免我死无人葬。"想必正是有了这样的担忧，才有了黛玉含泪葬花的伤怀："今日花落奴收丧，明日葬奴知是谁？"那一份宝贵的安稳，那一份值得托付终身的笃定，谁人不渴望、不需要呢？纵然一个女子才华横溢、家财万贯，倘若穷尽一生都无法觅得一个知你、懂你、怜你、爱你之人，那些附加条件，就算再好、再便利又有什么用呢？累赘而已。

"两情若是长久时，又岂在朝朝暮暮"。这样的句子在这样的时刻，也没能稍慰李清照情伤。"元祐"事件犹如残忍的中止键，让夫唱妇随、抵死缠绵的戏码从此中断，唯有似水年华里的短暂回响。李清照的人生中，从此少了潺潺相伴，多了殷切期盼。

夜深人静，在这同样黯淡的山光水色之中，一个女子在静默里，盼着归人，盼着相见，盼与那梦中的恋人，再入缠绵……

思念绵绵无绝期

草际鸣蛩，惊落梧桐，正人间、
天上愁浓。云阶月地，关锁千重。
纵浮槎来，浮槎去，不相逢。

星桥鹊驾，经年才见，想离情、
别恨难穷。牵牛织女，莫是离中。
甚霎儿晴，霎儿雨，霎儿风。

——《行香子》

七月初七。

这一日，天上人间，皆在度化同一种相思。

七月初七。

牛郎织女鹊桥一年一度相会的日子，但却不是她李清照与心爱夫君相会的日子。

人世间热闹非凡的情人节日，却让李清照最难熬。此时的她，与赵明诚只能分隔两地互致相思，她这个从不涉朝政的小女子，求的不过是一份现世安稳，却不料仍难逃政治上的牵连。也不知，这样的日子，还要持续到何年？

隔着遥遥的时光长河，她变作了寻爱的织女，却找不到属于自己的温暖归途。未央的银河，隔着长长的，一声叹息。

草际鸣蛩，惊落梧桐，正人间、天上愁浓。

云阶月地，关锁千重。纵浮槎来，浮槎去，不相逢。

星桥鹊驾，经年才见，想离情、别恨难穷。

牵牛织女，莫是离中？甚霎儿晴，霎儿雨，霎儿风。

儿时读乐府诗歌《古诗十九首·迢迢牵牛星》，读到描写牛郎织女相会的故事，看到一仙一人私恋相会，还要靠成群的喜鹊来成全。那时年少，不懂得这一年一见的相会有多残忍，竟还带着一丝艳羡的深情，直说："这真是浪漫。"

迢迢牵牛星，皎皎河汉女。

纤纤擢素手，札札弄机杼。

终日不成章，泣涕零如雨。

河汉清且浅，相去复几许？

盈盈一水间，脉脉不得语。

等待中的爱情。只因我俩，天上人间。长大以后，听说了关于七仙女与董永的故事，一时感慨、惋惜，为之痛心。不由问天，这样残忍的折磨，只因为他们一个凡人，一个为仙？时光在静默中，安抚着每一个对爱情怀抱希望的人。缘分不可逆，遇见就是遇见了；天规不可违，任是相爱、情深，一年亦只这一次团圆。

于是，就这样，千年万年，鹊桥相会的故事流传下来，一代接一代，待到人间重换。

以上，是人间流传的版本。

而南朝梁宗懍撰写的笔记体文集《荆楚岁时记》中，所记不同："天河之东，有织女，天帝之子也。年年织杼劳役，织成云锦天衣。天帝怜其独处，许嫁河西牵牛郎。嫁后，遂废织纴。天帝怒，责令归河东。唯每年七月七日夜，渡河一会。"

两者相较，人们还是更喜欢人间的版本。谓之，有情，充满浓浓的人情味。天庭古板，容不下仙人恋，玉帝心有不忍，但王母气正容威，取来金簪，划分界限，让一对恋人，从此相隔。——爱而不得见，比不爱更残忍。每年的七月初七，成了他们相会的唯一契机。那日，天地万鹊，四方来聚，汇成天桥，横跨银河，容相爱之人踏过，一解相思。

荒芜失爱的心，因了这一点微弱的希望，重新变得鲜活、跳动。那以后，世上的他们，就只为这一天而活了⋯⋯

李清照这首《行香子》，读来令人情动、心动，仿若置身其境。那时，她与新婚的夫君被迫分离，第一次独自经历七夕时节，心里的期盼，一刹那燃至顶点，分离的苦恨，渴望相见的心愿，越来越浓烈，似要融化一颗脆弱心脏。

"草际鸣蛩，惊落梧桐。"草丛里传来蟋蟀忽缓忽急的鸣叫，惊落了树梢泛黄的梧桐，看那已是枯萎的叶，飘飘荡荡，摇摇坠地，此时，伤感复又萦绕心头。蛩鸣知秋意，然而天大地大，她却只能一人独守深秋，如此怎不感到无限凄凉？

七夕，原来是别人的花好月圆，却不是李清照与赵明诚的，云阶月地，相思最浓。"纵浮槎来，浮槎去，不相逢。"西晋张华在《博物志》中写道："旧说云：天河与海通。近世有人居海渚者，年年八月有浮槎，去来不失期。"

银河长长，浮槎往来，思念绵绵无绝，任是动情，也是无情。这多贴合李清照思念赵明诚的心境！她从不干涉朝廷，如今却被政治连累，与赵明诚新婚即别，生生枉费一番深情。

"霎儿晴，霎儿雨，霎儿风。"之所以有如此复杂多变的心境转换，是李清照在哀伤流年不利时，又想到今日七夕时分，天上那对苦命鸳鸯亦是得以相见。晴的是，她心内亦有来日方长的期盼；而眼下的孤独、凄凉，则使她犹如禁受着风吹雨打，一股寒意，自不必说。

雾薄情浓，倘若她能让自己变得冷漠一些、无情一些，这样盛大的日子，亦能周全。可惜生性玲珑、心细如织，她端坐于幽远的红尘，注定逃不开命运的痴缠。看远方云卷云舒，观庭前花开花落，阅尽浮生，又是一年寂静深秋……

一种相思两处愁

红藕香残玉簟秋，轻解罗裳，
独上兰舟。云中谁寄锦书来？
雁字回时，月满西楼。
花自飘零水自流，一种相思，
两处闲愁。此情无计可消除，
才下眉头，却上心头。

——《一剪梅》

细雨残春，衣衾衫薄。她在这个时候更加愁绪万千。与夫别离，距离遂成魔障，孤独时时侵心。世间一切风情皆成宿敌，悄无声息肃杀她的情思。落红残褪，复春又发，可她的韶华如流水般逝去，不再回还。更何况还有那些夜静阑珊，温软细暖的缠绵之境，常于暮色时分降临，扰她清梦。如何不似"无可奈何花落去，始共春风容易别"？

红藕香残玉簟秋，轻解罗裳，独上兰舟。

云中谁寄锦书来？雁字回时，月满西楼。

花自飘零水自流，一种相思，两处闲愁。

此情无计可消除，才下眉头，却上心头。

那年清秋，冷冷的寒意浸透木床的竹席，推门而出，迎面一阵风迅疾凉遍她的肌骨。举目四望，院里红莲坠地，点点残红，倒是那金菊，开得灿烂至极。轻叩柴门，愁容还倦，她回屋换了应季的轻盈装束，一路往清净的河边去。

大雁南回，阵断鸿声。地面肃清，只她一人一舟。深秋的河水已冷，波光悄然泛起。她轻盈地跳上小船，独撑一只船桨，向着天边划去。

这一幕时值秋日伤感离别的情境，被元代伊世珍的《琅嬛记》卷中引《外传》载为："易安结缡未久，明诚即负笈远游。易安殊不忍别，觅锦帕书《一剪梅》词以送之。"

但也有另外一种说法。彼时，赵明诚尚在太学，每月只初一、十五才可归家，并无有"负笈远游"来的那样夸张。然李清照心思玲珑剔透，又是新婚，即便是这样半月一聚的小别，也是略有感伤。但却还不至于个别解说中所谈的"怯怯不忍，肝肠寸断"。

　　真正使她感到忧心的，是父亲在朝政中所受到的不公正。因"党争"，李格非被罢官逐遣，李清照亦受株连，被迫归宁，狼狈至极。夫家却一路升迁，官运亨通，赵明诚更是因此踏上仕宦之路，一时风光无两。格局动荡，家境堕落虽未使夫妻之爱有丝毫损减，但李清照却由此深感时政的凉薄，忧心忡忡，便作这《一剪梅》，且聊以遣怀。

　　《一剪梅》，因周邦彦"一剪梅花万样娇"一名句，以命之。又被称作《玉簟秋》，则因李清照此句而得名。

　　"红藕香残玉簟秋"，写的是夏日离去，红荷花败，玉簟裹着秋凉，浸寒人心。岁月不居，时令斗转，仿佛才只是一举手一投足，就与这冷硬的秋凉迎面撞上，被击得瑟瑟发抖。而那湖中明艳的荷花，又是在什么时分萎靡凋谢，只留下片片残红，碎成了点点光影，飘摇在这清远迷蒙的静秋？

　　李清照精妙的用词、细致的感官体会，使人从视觉、嗅觉到触觉，都仿佛置身境内，赏得此句，便与李清照成情感共通之人。此番精秀特绝，除却一再彰显她远远凌驾于其他同年代词人的词作水准之外，更彰显她"不食人间烟火者"的初性。

　　说起泛舟湖上，李清照早已不是第一次。年少时，她手掌船桨，快乐饮酒，以至傍晚时分，误入藕花深处。偶然的错举，惊飞沙滩上的鸥鹭，使与之争渡，又再高涨她的情致！那次醉酒归家，迷途争渡，不失为一种赋闲的乐趣。只是这一次，成长为少妇的她，不再饮酒作乐，只为携几尺兰舟，惯看秋风。

暮色时分，远静高空。转眼之间，夜凉如水。而她想遍情思，依旧解不了那些心底的哀愁。更深露重，在这一片广袤的天际之下，除了她李清照，还有谁似她这般独倚兰舟，满腹心事？云天之上，暮色沉重，正似她心底的孤清。

缓缓地，天边升起一轮圆月，何其皎洁，印着她轻锁着的眉，光晕打在远处静幽的湖中，泛起波光，也印着她身后倚靠的西楼，这时，她看到云边的大雁归来，只是不知可否有那人捎带的只言片语？

这样想着，念着，无尽的情思，皆在寂静深夜，默默流淌。突然凉风一阵，她遂裹紧这轻薄衣衫。此时，大雁飞过，鸿声渐消，望断天涯，锦书不来。恍惚间她才清醒，西楼墙下，水中仍是冷冷清影。"花自飘零水自流"，一切原只不过是她的美好幻想，这眼前的，却分明只是花自凋落，水自东流，如同那些温润细软的美景良宵，随着岁月流逝，终深埋记忆深处，一碰，就疼。但她肯定心中那人，心自有戚戚然，纵虽隔断千里，万水不见，也一定"难堪别绪，愁思如我"。一想到赵明诚，此时的汴京遥远得像极了一个梦，梦里那人亦是对明月望着，哀怨流年，只盼得一晌贪欢。

古往今来，人情冷暖。此情深重，奈何不堪现实又离分！看多了"执手相看泪眼，竟无语凝噎"，看多了"晓来谁染霜林醉，总是离人泪"，不禁为李清照的这份独自感伤而动容，而心疼。至少那些离别，都与那一人同在一处情境。

"此情无计可消除，才下眉头，却上心头。"换过轻衣，独上兰舟，只这相思之苦仍旧无从排遣，才从紧蹙的眉间褪去，转而又在漫上了心头。这一"下"一"上"，没有丝毫的忸怩作态，简单到极致的用词，却已将满腹心事诉说得淋漓尽致。提起此句，不免想到范仲淹《御街行》："眉间心上，无计相回避。"同为写"愁"，两者对比一二，李清照的读来却更有意蕴，将女子所含的愁肠抒发得更加曲折婉转，悠扬动听，而范仲淹的则相较平直，没有了起转承合的精妙变化，亦有失对情感的细密体察。

古诗词里这样的相思之作很多，诸如李白《清平调词》："名花倾国两相欢，常得君王带笑看。解释春风无限恨，沉香亭北倚阑干。"相传这是唐明皇因宠溺杨贵妃，特意命李白为其所作。正如诗中所写，唐明皇与杨贵妃，一个君王，一朵名花，真正的两相欢好。只是这样美好的、带着浓浓爱意的诗作，在杨贵妃被赐死在马嵬坡后再读，却是另一番滋味。遥想当日，金钗枝，玉搔头，霓裳羽衣曲，君王侧伴，夜夜笙歌；但死后，孤家独眠，寂寞森然。一对有情人，越是相思，越为离别苦，越是叫人不忍卒读。

于是，我们明了，相爱的时光是如此地短暂。那就好好珍惜吧，别让原本的天作之合，因为彼此的不珍惜皆成过往云烟。

虽写相思的诗词居多，然李清照此词并不流于俗气。这结合自然寓意的意兴之作，十分成功地避开带有谴责夫君不归的怨妇情结，只单纯描写自己孤独、盼归的简单心境，使之清芳高雅。倘若对夫君没有爱之旖旎、心心相印，她又怎能谱写如此佳句？

只是在时光与现实如此无情的考量中，她经受上天的考验，变得更加沉稳、安静，在不为人知的角落悄然存在，滋养了一身的灵性，等你再看，那分明已是瑶华济美，蕙质春明。

为伊消得人憔悴

——《醉花阴》

薄雾浓云愁永昼，瑞脑销金兽。

佳节又重阳，玉枕纱厨，半夜凉初透。

东篱把酒黄昏后，有暗香盈袖。

莫道不销魂，帘卷西风，人比黄花瘦。

薄雾浓云，愁眉紧锁。细腻的女儿心思，令她容易忧愁；忧愁的情愫，令她热衷写词；缠绵的词句，令她千古流芳。只是，她原本可以做个寻常女子，过简静岁月，轻松快活，现在用这沉重的一世，去换取百世的荣耀，值得吗？

山谷沉寂，清风入林。没有谁回答。

绿水青山，人间依旧，变幻无常。时过境迁，转眼又是一年重阳。

《西京杂记》记载："九月九日，佩茱萸，食蓬饵，饮菊花酒。"九月初九，重阳节，重逢的日子。直到今天，中国人都十分重视古代留传下来的这些习俗，更何况古人。这一天，是全家团圆兄弟姐妹重聚登高插遍茱萸的日子，但对于李清照来说，因为赵明诚远行在外，这又是一个思夫的伤感日子。

薄雾浓云愁永昼，瑞脑销金兽。

佳节又重阳，玉枕纱厨，半夜凉初透。

东篱把酒黄昏后，有暗香盈袖。

莫道不销魂，帘卷西风，人比黄花瘦。

"薄雾浓云愁永昼，瑞脑销金兽。"雾气朦胧，云层深厚，遮蔽了朗朗乾坤，于是地面变得阴暗，此情此景，看得人心头也不得轻松。

屋中的瑞脑缓缓燃烧，一阵阵轻渺烟雾，慢慢升腾，弥散在李清照眼前。时光打乱，又悄悄散去，像她与赵明诚的相守——自那日汴京分别，再相聚，直到如今又人去楼空，孤独的凄凉感复又袭来，紧紧包裹她瘦弱的身躯，以及脆弱的相思。身处在这同样阴暗的屋子，她心里见不到一丝光亮，得不到一丝温暖，敏感的神经正渐渐麻木。

重阳节，像一个惊雷，撼动了她的脆弱。"每逢佳节倍思亲，"枕着花钿，她的心思早已云游远方：年迈的父亲如今身在何方？远行的赵明诚此时在做什么？光阴与香料，皆在虚无的逝去中。而她醉了，有些疼，有些痛，有些委屈。

白日如此漫长，她只能过得浑浑噩噩。到了夜晚，却是"天阶夜色，凉薄似水"，是另外一番凄冷、孤凉。"玉枕纱厨，半夜凉初透"——没有那人陪伴身旁，秋夜变成了一把锋利的刀，毫不客气地插入她的身与心……

不知不觉进入梦境。眼前浮现的，分明是去年，黄花簇拥，夫妻两个携手登高的美妙场景。蓦然醒来，才发觉美好的一切只是场梦境，失落之感悄然蒙上心头。望断天涯路，这样的相爱，竟来得比无爱更令人心疼。节日依旧红火，菊花灿烂如昨。只是这些，无益于李清照，只是徒增伤感罢了。

还是出门走走吧，哪怕独自一人。她于是起身，行至东篱。绚烂、怒放，可谓"千朵万朵压枝低"，九月果然是菊花的季节。想那陶渊明不求功名，乐做隐士，过着"采菊东篱下，悠然见南山"的闲逸生活，菊花倒是衬托了他的潇洒，以及闲情逸致。而同样的场景，李清照却是欣赏不来，一介女子，不过想要安稳岁月，却只能与夫别离，举杯敬愁，纵有暗香盈袖，亦是无人垂怜，惹得满腹伤怀。

"莫道不销魂，帘卷西风，人比黄花瘦。"这是全词的点睛之笔，连赵明诚的学士友人都对此夸赞不已。

据元伊世珍《琅嬛记》卷中引《外传》记载：重阳佳节，李清照有感思君情怀，提笔写下这篇《醉花阴》，词毕，遂邮寄远方的赵明诚，以明思念之情。

赵明诚得词，大赞李清照文采飞扬，亦能感受此种心境。反复咏诵，情到深处，竟提笔作词附和。相传，他为此闭门谢客，囚于室内三天三夜，潜心酝酿，试与李清照比高低。

但《琅嬛记》上有另一种动机解释：说赵明诚见李清照词风俊逸，想到她乃一介女子，竟起了争强好胜的心思，故禁闭创作。事隔多年，真相究竟为何，你我早已不得而知。姑且认定是夫妻二人都是文人，喜好诗词罢了。

三日之后，五十阕词毕。赵明诚故意将《醉花阴》夹于其中，拿给好友陆德夫品评。焦灼的等待中，赵明诚的心始终慌张，却不料等来的回复竟是这样："只有'莫道不销魂，帘卷西风，人比黄花瘦'，三句绝佳。"赵明诚一时诧然，哪怕是争强，他也终是败给了李清照。

我总以为，赵明诚能有附和的行动，对李清照来说，已属难得。夫妻二人，相伴一世，要的不就是个情趣相投，你侬我侬？对她词的附和，对她投入情感的附和，对她轰轰烈烈这场相遇、相守的附和，倘若失去附和，那李清照该是多孤单啊！

在两个人的世界里，对方的回应就如呼吸一般，轻柔、重要，不可或缺。倘若爱失去了呼应，就如一个人对着镜子，孤寂、落寞，或自怜地望着水中倒映的身影，变成一朵自恋的水仙。

庆幸李清照得到了这样热烈的回应——即便以赵明诚的才华，绝不可达到她的高度。那句"人比黄花瘦"，那份清风冷绝，相思蚀骨的心情，虽是自怜，却无半分娇嗔、呻吟，反轻易叫人心生怜爱，恨不能与之相逢！"无一字不秀雅，深情苦调，元人词曲往往宗之。"李清照对文字的把握，一向如此精准。

清绝重阳，瘦瘦斜阳。远去的岁月中，别忘记，有一女子，才貌双全，形若黄花。

金屋无人见泪痕

——《小重山》

春到长门春草青，江梅些子破，未开匀。碧云笼碾玉成尘。留晓梦，惊破一瓯春。

花影压重门。疏帘铺淡月，好黄昏。二年三度负东君，归来也，着意过今春。

春到长门，草色复青。柳暗花明归故里，江边梅子未开匀。又是一年中的，大好时光，有多久没有见过如此明媚的春色了？

算算时间，她已离开三年。那逝去的汴京三年时光，是她记忆深处永远的空白。

> 春到长门春草青，江梅些子破，未开匀。
> 碧云笼碾玉成尘。留晓梦，惊破一瓯春。
>
> 花影压重门。疏帘铺淡月，好黄昏。
> 二年三度负东君，归来也，着意过今春。

汴京。车水马龙，繁华依旧。李清照终是回来了。这常出现于梦中的都城，一草一木，一石一花，如今，皆在眼前。她，有着怎样的心情？回首遣回故居明水的三年时光，李清照不止一次地体会到阿娇身为女人的孤寂。在岁月里，长门是一个伤感的地方，有一个关于后宫失宠的故事。

西汉时期，阿娇生于贵胄，母亲是汉景帝同袍之姐馆陶长公主。生于宫廷，长于宫廷，一路养尊处优，生性娇纵。在一场宫廷计谋的布置下，还是少女的她，就已许配给了汉景帝妃王娡膝下之子。果然，汉景帝废后而立王娡，其子刘彻荣升皇太子。登基之后为汉武帝，阿娇晋升皇后。

可是做了凤凰的她，始终得不到汉武帝的垂怜。原本她骄纵跋扈，不懂得何谓温柔，更何况后来又出现一个卫子夫。此人舞技超群，性情温柔，深得汉武帝喜爱。相比之下，阿娇身无所长，失宠已是必然。她不甘心，记得她小时候，就算想要天边星月，亦是唾手可得。可如今事发突然，一切不再掌握之中，一想到贵为皇后，却连一分宠幸都得不到，她的心里就充满了怨恨。

终于一天，她对卫子夫下手了。岂料，汉武帝精明，卫子夫也不弱，笨拙的伎俩很快就被识破，武帝震怒，追其责任，一道圣旨即刻将其打入冷宫。元光五年，武帝颁诏："皇后失序，惑于巫祝，不可以承天命。其上玺绶，罢退居长门宫。"

九月九日长生殿，避尽此生终不见。被拖至冷宫，阿娇幡然醒悟，泪若泉涌。她听说司马相如文采深厚，举世无双，特命人重金聘之，陈情聊表，写出《长门赋》。

阿娇对汉武帝，还是有一片深情的。然而，"桂殿长愁不记春，黄金四屋起秋尘。夜悬明镜青天上，独照长门宫里人"。武帝身旁已有美相伴，早已不再怜惜，但一切又出乎意料，他不宽恕她，不再爱她，却下令"供奉如法，长门无异上宫也"，仍旧给她皇后的待遇。但阿娇，却着实绝望了。得不到恩宠，余生与清冷为伴，她的青春，很快就被消融得一干二净。"妾人窃自悲兮，究年岁而不敢忘。"那个敢忘的人，早已另作逍遥，不敢忘的，也只能在冷宫中度过余生。此生一别，多少恩情辜负。

司马相如得到了夸奖，汉武帝认可、欣赏他的词，但阿娇失去了唯一的救赎。一切都因她过去的飞扬跋扈，因了陆游说的，"早知获谴速，悔不承恩迟"。

崇宁五年春，"元祐"祸乱终至澄清。宋徽宗撤销石碑，还李格非等人以清白之名。正月，事件肃清，李清照重回长门，故地重游，感慨良多，作下这首《小重山》。

"春到长门春草青，江梅些子破，未开匀"，春草青青，处处生机，江边梅子，尚未开破，点透春机。许是"元祐党人"事件终于得解，心头的乌云一下散开，李清照心中分外轻松，所以神情喜悦，得以观尽身前美好。

下一句"碧云笼碾玉成尘。留晓梦，惊破一瓯春。"视角忽然转至室内，写李清照取出清茶，碾碎了煎煮。茶雾袅袅，香气萦绕。长门阿娇的故事，便娓娓道来，渐渐清晰。也许此处，她又携了愁容。想到她独居冷宫，爱而不得，亦能回想起自己独坐深闺的岁月吧？两个女人，一种情思，红尘虽缥缈，仍受困于人间的相思。

但相对于阿娇，她是幸运的。她的孤独，有个时限；不像阿娇，直到身死。

"花影压重门。疏帘铺淡月，好黄昏。"时间推移，天已黄昏。浓重的花影倒映在紧闭的重门，月光清清淡淡地铺洒于稀疏的帘上。夜晚，如此恬淡静美，将一个个轮回的故事小心包裹，那些远去的，似从未发生。疏花淡影，她的经历，也变成一道秘密。那些年的颠沛流离，那些年的长望相思，那些年的春去秋来，过去了，也就过去了。回首时，恍惚发觉，似乎也没有多么煎熬。只是那些日子汴京的繁华，终究是擦肩而过了。

一切，都将不可挽回。岁月不居，人生短暂，还有多少时光，可供浪费？

李清照是倔强的，一种清冷的倔强。她对陈阿娇也许同情，但更有怨恨。时光薄情，将一个女人一生的春光，寄于男人身上，这本身就是一种悲哀。阿娇错在骄纵、霸道，她不要自己这样。她虽硬，但是硬在骨骼，她非俗流，即便身陷长门，也势必要将岁月挥发。

"一生行走望断天涯，最晚不过是晚霞。"等待，终是那时女子命中不可规避的事情。它可以是一道伤痕，亦可以是一种光荣。

写下这首词，李清照明了，踏过那些失败的情愫，她与赵明诚，还将恩爱如常，执手终老……

不辞镜里朱颜瘦

遥知韶光，梦醉齐鲁。青州十年，可谓李清照一生中，最为称心之岁月。她尚且红颜未老，他又能侧伴身旁。两两相好，江湖情暖。如若生命中所有的相逢，都能甜蜜至此，李清照便不是史书流传下的李清照。然而，还是希望她的岁月里能多一些这样的美好。

赌书消得泼茶香

暗淡轻黄体性柔，情疏迹远只香留。何须浅碧轻红色，自是花中第一流。

梅定妒，菊应羞。画栏开处冠中秋。骚人可煞无情思，何事当年不见收？

——《鹧鸪天》

公元1107年，新、旧党纷争结束。在朝廷中，赵挺之与蔡京的矛盾逐渐显露。这一年，蔡京再为宰相，与赵挺之矛盾更为激化，导致赵挺之不得不辞掉宰相之职。五天后，赵挺之悲伤过度而亡。《宋史·赵挺之传》中详细记载其过程：赵挺之担任宰相以后，与蔡京争权，多次陈述他的奸恶，并且请求辞去相位回避他。赵挺之准备入宫告辞，适逢彗星出现，徽宗默默思索，担心灾祸应验，于是全部废除蔡京定下的各种害民的法律，罢免蔡京，召见赵挺之说："蔡京的所作所为，全部像你说的那样。"

蔡京在崇宁初期，首先兴起边境上的争端，战争连年不停。徽宗亲临朝廷处理政事，对大臣们说："朝廷不可与四方少数民族产生事端，事端一旦开启，灾祸连续不断不能停止，士兵百姓

半生烟雨，半世桃花　　李清照词传

肝脑涂地，哪里是人主爱护百姓怜惜百姓的本意啊！"赵挺之退朝后对同僚们说："皇上志在停止用兵，我们应当顺从其意。"不久去世，终年六十八岁。追赠司徒，谥号为"清宪"。

然而蔡京不肯善罢甘休。赵挺之死后，他变本加厉，查抄了赵家。另发命令将但凡在汴京的赵氏家属、亲戚全部抓入监狱，后因诬陷不成，关押几个月之后又全部无罪释放。虽没有成功治罪赵氏家族，蔡京却将赵家人士遣散，命其不得入京为官，于是，赵明诚带着李清照，一同回到了青州老家。从此开始了一段"赌书泼茶"的美好时光。也许这是上天对这对夫妻的另一种补偿吧！再不必理会官场的是是非非，只有两个人，夫唱妇随，鹣鲽情深。有情人在一起，就连空气都觉得是甜的。

他们一起散步，一起收藏文物，执手相携，遍赏芳桂。

暗淡轻黄体性柔，情疏迹远只香留。
何须浅碧轻红色，自是花中第一流。

梅定妒，菊应羞。画栏开处冠中秋。
骚人可煞无情思，何事当年不见收？

眼前是一处处盛放的兰桂，仪态万千，明艳动人。远远地，就能嗅其香，暗淡轻黄、体态娇柔，其风流之势，实乃百花第一流。"桂子月中落，天香云外飘"，这样美好的花朵，根本就应植在人间不可企及的天庭。——还记得吴刚伐桂的传说吗？

李清照爱花，对桂花更有一种钦佩之情。论外表，它并无绰约风姿；论颜色，亦匮乏浓艳娇媚，它贵在性格内敛，品格清奇，于一片静默中守护本性，不问世间荣宠，始终坚守自我！"何须浅碧轻红色，自是花中第一流。"桂花的美好，不是他人言论下的施舍，且大有孤傲清洁、明明其志的意味。

"梅定妒，菊应羞。画栏开处冠中秋。"桂花一开，群芳失色，任凭冰肌玉骨的梅、孤标傲世的菊，也都无法与之较量一二。要知道，在李清照笔下，梅花曾是"共赏金尊沉绿蚁。莫辞醉，此花不与群花比"；而菊花则是"微风起，清芬蕴藉，不减酴醾"。但就是这些花，在此时遇到桂花，唯有陡然失色。

——那么，桂花美在哪里？

"情疏迹远"，它的踪迹不为人所知。踏遍群山，不得芳踪，只在阵阵风中，裹挟着一股淡淡的香气。

李清照亦是想"情疏迹远"，远离朝堂的纷争的。自"元祐"事件之后，她越发懂得：朝廷混乱不堪，实乃是非之地，而她心似兰草，所希望的，不过是一种简约时光。

就是这样的一种简约的时光，多少人却盼而不得。民国时期，轰动文坛的惊世才女张爱玲与胡兰成两情相悦，结为连理。结婚的当日，他写下"愿岁月静好，现世安稳。"婚后，他们的确过了一段安稳的动人时光。在胡兰成所著的《今生今世》中，他详细地写到他们共处一室，常常于下午赏字观画，畅谈古今——想必，文人墨士之间的互动，也皆以此为常态，共同的兴趣是他们相爱的缘由，更是今后执手一生的保证。我相信，胡兰成与张爱玲，确实是真心相爱过的。如果不是后来爆发了战争，如果他们没有分开，如果不是因为胡的特殊身份……纵然，后来一切都变得残酷不堪，他没能给她岁月静好，她却还是固执地用笔在纸上写下了平生最大的凤愿。在《倾城之恋》中，她化作白流苏，用现世这场可恶的战争成全了她的幸福。因为在爱情里，没有女人不渴望岁月安稳，流年静好。

李清照是幸运的。

隐居的岁月。与夫君执手赏花，饮茶与酒。李清照没有想到，自己曾在心中渴求了千万遍的生活，真的到来了。然而，她无法开怀，毕竟代价惨重。公公一死，赵家门庭衰落，赵明诚连续多时夜不能寐，茶饭不思。她亦是焦灼得很。

然而，她毕竟是李清照，坚韧如梅，高洁似桂。写下这首《鹧鸪天》，犹如李清照对心中的自己宣誓：她定当收整残局，认真度过。既然上天给了她这样一段寡淡的岁月，她又有何种理由不来珍惜？

掩埋昨日种种伤怀。

青州的时光，就此上场。

李清照决定享用。她知道，这是命运对她的一次妥协，一份恩赐，一纸承诺。

当时只道是寻常

——《七绝》

钓台。

往来有愧先生德，特地通宵过

名来。

巨舰只缘因利往，扁舟亦是为

愿有一段岁月，以梦为马，行于路途。不恋名利，求一份安逸，获一份淡泊。

也许是上天成全，也许它窥见李清照如斯心事。虽则他二人是因朝廷政变，临时回到青州，但人生境况中的美好，便在于

半生烟雨，半世桃花　李清照词传

"山重水复疑无路，柳暗花明又一村"。初到时，赵明诚尚因官场黑暗、人心叵测而深感失望，所幸他并没有因此而沉沦，反而同李清照一起，为他真正的理想而努力着。人生危难时分，他庆幸自己不是一个人，感激上苍将李清照留于身旁。一切诸如李清照在《金石录后序》中所记："虽处忧患困穷，而志不屈。"

他们为书房取名为"归来堂"，引的是陶渊明《归去来兮辞》，且李清照的老师晁补之也曾于数年前罢官闲居，买田故缗城，自谓归来子，真可谓："庐舍登览游息之地，一户一牖，皆欲致归去来之意。"

李清照再由《归去来兮辞》中的句子："倚南窗以寄傲，审容膝之易安"，自取号为"易安居士"，意为：倚着南窗寄托傲然的情怀，觉得这狭小得仅能容膝的地方更使自己心安，容易满足。

巨舰只缘因利往，扁舟亦是为名来。

往来有愧先生德，特地通宵过钓台。

诗中所说的钓台，相传为汉代严子陵垂钓之地，在桐庐（今属浙江）县东南。西汉末年，严光（字子陵）与刘秀是朋友，刘秀称帝后请严光做官，不料严光不为名利所动，拒绝入朝为官，后隐居在浙江富春江。明郎瑛《七修类稿》卷三十《赵基严台诗》记"汉严子陵钓台，在富春江之涯。有过台而咏者曰'君为利名隐，我为利名来。羞见先生面，黄昏过钓台'。"李清照诗即化用此诗意。

这首诗写尽当下朝野人士卑怯自私的丑恶姿态，李清照亦是借此表达自己愧对严光的盛德。《重辑李清照集·李清照评论》中写道："李清照这种知耻之心，和当时那些出卖民族、出卖人民的无耻之徒相比，确是可敬得多了。"

更是由此，可见淡泊明志的青州岁月，在李清照心中的重大地位。

难得的归隐，难得的散淡。时光转换，李清照依旧是那个渴望获得平淡流年的小女子。人生路上经历了大起大落，现在，她终于可以享受一些静谧时光，可以选择自己心生向往的生活。

远离了纷争，赵明诚与李清照可以更好地收拾心情，向着他们钟爱的金石碑刻和书画文物进发。

对这一段岁月，李清照在她的《金石录后序》里有着较为详细的记述："每获一书，即同共勘校，整集签题。得书画彝鼎，亦摩玩舒卷，指摘疵病，夜尽一烛为率。故能纸札精致，字画完整，冠诸收书家。"

每每得到一本珍贵的书籍，夫妻两人便一同订正勘校，整理成册，并工整地题上书名或者稍作评点。若是得到了字画，也会

半生烟雨，半世桃花　　李清照词传

打开卷轴细致观赏，彼此之间心神交会，常常眉飞色舞，兴奋之至，甚至临近深夜仍不舍入睡。"归来堂"在夫妻二人的精心打理下，逐渐变成一处奇珍异宝收藏之地，堪称"纸札精致，字画完整"。

"余性偶强记，每饭罢，坐归来堂烹茶，指堆积书史，言某事在某书某卷第几页第几行，以中否角胜负，为饮茶先后。中即举杯大笑，至茶倾覆怀中，反不得饮而起。甘心老是乡矣！虽处忧患困穷，而志不屈。"（《金石录后序》）

收藏整理古籍本原本就是一件烦琐枯燥的事情，然而李清照与赵明诚却总能从中寻得乐趣。一日午后，日光丰盛。饭毕，俩人一同坐于"归来堂"中，拿出珍贵字画开始品评、猜谜，灶间烧上一壶好茶。具体的比赛规则是：在一堆书史中，谁能迅速指出某一典故是出自哪本书第几卷第几页第几行为胜，胜者可先品茶。李清照心思缜密、博闻强识，在此方面总是略胜赵明诚一筹。这日下午，她又骄傲地举起茶盏，看到斗败的赵明诚愁眉不展，还未品到茶，自己就已忍俊不禁。小小的庭院里充斥着她的欢声笑语。或许是情绪太过激动，只听"哐当"清脆一声响，茶盏翻倒在地，茶水泼了一身。眼见此状，赵明诚作为斗败者，亦忍不住笑了起来。他笑李清照虽是赢了，却也没有喝得一口茶。这是只属于他们夫妻间的小小生活乐趣。没有石破天惊的故事，然而却如此动人，值得铭记终生。

细腻的爱情，夫妻间和谐、有趣的互动，足以触动每个心中有爱的人心底那最柔软的地方。百年之后，这段赌书泼茶的岁月，还曾被清朝一大词人拿来追忆："谁念西风独自凉，萧萧黄叶闭疏窗。沉思往事立残阳。被酒莫惊春睡重，赌书消得泼茶香，当时只道是寻常。"词作者为纳兰容若，写此词时他风华正茂，前途无量。

　　好一段琴瑟和鸣，好一句"当时只道是寻常"，人生果真充满了戏剧与颠覆，那样聪慧的李清照，也定是想象不到，当时的平常喜乐，竟会成为此后一生唯一一点支撑，一点念想！诚如张爱玲向胡兰成问要"岁月安稳"，却在乱世中，可遇不可求。到头来，她爱到一身伤痕，梦醒，又成单个人。李清照所追寻的如寻常女子的幸福生活，却也只有这么一瞬，何其短暂！这以后，她居无定所，颠沛流离，守着相思看年华一寸寸老去，流年不长，可转身就是海角天涯，甚至要怀疑这样的温存，是否真的存在于生命中……

　　然而现在，她是快乐的、满足的。

　　"收书既成，归来堂起书库大橱，簿甲乙，置书册。如要讲读，即请钥上簿，关出卷帙。或少损污，必惩责揩完涂改，不复向时之坦夷也。是欲求适意而反取僇栗。"（《金石录后序》）

后来，收藏的书籍越来越多，两人就在"归来堂"另建一个书库大橱，将书分门别类置放，并逐一标上记号，记录在册。这样不但方便书籍的置放，在急需阅读时，也可很快就找到。她二人是极其爱惜书籍的，翻阅书籍时必定都十分小心，还曾立下规定：若谁不慎污损了书籍，就会招来另一人严苛的责备，并要求其尽量补救，下不为例。

"余性不耐，始谋食去重肉，衣去重采，首无明珠翡翠之饰，室无涂金刺绣之具。遇书史百家字不刓阙、本不讹谬者，辄市之储作副本。自来家传周易、左氏传，故两家者流，文字最备。于是几案罗列，枕席枕藉，意会心谋，目往神授，乐在声色狗马之上。"（《金石录后序》）

遇到特别喜爱的书籍，李清照总想收纳房中。但他们的日子毕竟清贫，为了得到所爱，李清照绞尽脑汁，从日常的三餐到穿衣，节衣缩食，身上饰物也尽量素减，以此节省更多钱财，购买喜爱的东西。若你以为他们这样辛苦节约购得文物字画金石碑刻，只是为了满足喜好，那你就大错特错了。赵明诚曾记录，"非特区区为玩好之具而已""传诸后世好古博雅之士，其必有补焉"。却原来，他们是想尽自己所能，补救文史著作的缺漏，传于后世。这在历史发展的范畴来说，实乃一件大功德。

日子就这样安宁地过着。似水流年，与世无争。我相信，此时的李清照，是最为欢欣的。虽然，得到青州的这段岁月，她们皆付出了巨大代价，但倘若此生终能如此清净、闲适，亦不枉费那一场伤心。

人生有时就是这样的。低到尘埃，才能锦上添花；荡到谷底，才能跃上云端；也唯有经历风雨，才能见得彩虹。试想我们每个人，行走于寂寥人世，总要经历一些轰轰烈烈，才能懂得，平凡最真，就像陈奕迅歌里唱到的"荡气回肠是为了最美的平凡"。相反，不经历大风大浪，就永远不能领悟平凡的魅力，也就不会珍惜这澄净的岁月。

关于青州十年的屏居生活，李清照在《金石录后序》里提到很多，每每皆是小事，却也洋溢着丝丝入扣的幸福。阅读之时，尚能透过字里行间，深切体会到她那时的欢娱。岁月风尘，烟火人间。原来人间真情，确能如此，令人眷恋。

夜阑犹剪灯花弄

暖雨晴风初破冻，柳眼梅腮，
已觉春心动。酒意诗情谁与共？
泪融残粉花钿重。

乍试夹衫金缕缝，山枕斜欹，
枕损钗头凤。独抱浓愁无好梦，
夜阑犹剪灯花弄。

——《蝶恋花》

　　暖雨晴风。李清照一夜无梦。她细腻的心思，已然感觉到春日的降临。窗外又是山明水秀，几多生机。然而，仍是哀愁，浓重的闺怨惹得她夜不能寐。她不是无情之人，尚为这点点春意，感到欣慰，但少了那一人同伴，心里终究是一种孤寂的冷。

　　一年一次。

　　春日还是这样明媚，如她单纯、简明的情思，不曾转换。只是，那人……

　　爱有时是悲苦的。连成亲也不能弥补她缺少的那份温存。每在此时，誓言又有何用？只是天高地远，一切都将逝去，可她偏偏不愿放手，随遇而安，也许只是为了安慰这深夜失落的灵魂。

暖雨晴风初破冻，柳眼梅腮，已觉春心动。
酒意诗情谁与共？泪融残粉花钿重。

乍试夹衫金缕缝，山枕斜欹，枕损钗头凤。
独抱浓愁无好梦，夜阑犹剪灯花弄。

春到江南，杨柳依依，桃花茂盛。一望无际的春色，唤醒沉睡已久的大地。人们的心，也跟着一同复苏。这样的日子，不该闷在房间。李清照有心上街游玩，她已感知到了春色的震撼。陌上，那一行行的人，嬉笑着，携手相伴，想来快活似神仙。

她拼命朝这股春色靠近，想要吻这时光，惜这时光。"暖雨晴风初破冻，柳眼梅腮，已觉春心动。"绵柔春风已吹到窗前，有谁能拒绝这一路新鲜？

这短短十六字，分明已将春色置人眼前。这样鲜嫩、可人，我想，任何一个人都是不能抵抗的吧？偏偏，其中"柳眼梅腮"虽是初次相见，却有一种自来的熟稔之感，联想到在李清照其他的诗词中，亦常有四字词语出现，诸如"绿肥红瘦""宠柳娇花"等，堪称李清照笔下的奇句。《李清照词新释辑评》就曾点评："此句之奇，在于意蕴丰富，承前启后，既补充起句的景语，又极为简练地领出了一个春心勃发的思妇形象。"

李清照以轻快的笔调勾勒出一幅旖旎生动的春景图，犹如春色已在眼前，让人感慨、兴叹。但紧接着，为春色蓬勃的欣喜之情顷刻间荡然无存，取而代之的却是点点离愁："酒意诗情谁与共？泪融残粉花钿重。"很明显，她在写孤单，并且掺入了回忆。

试想往年，每到春色降临，她与赵明诚皆携手相游、交盏唱和，不亦乐乎！而今却物是人非，面对如画春景，却只余一人庭前伫立。看那一树树桃红柳绿，唯有痛心疾首地哀叹，在半是惜花半是惜人的愤懑里，轻轻叹息"谁与共"！——罢了，罢了，没有那同来的人儿，怕是注定要辜负这一风一雨、一柳一梅的大好春光。

想到这里，施了红粉的腮边已是泪水涟涟。妆儿作乱，连头上的花钿顷刻间亦变得沉重。如同这娇嫩的桃花、纯白的柳絮，等不到懂爱的人欣赏、把玩，岂不是白有这样美好的姿态？而现在的李清照，又何尝不是一枝花、一棵树？此时春光浓烈，亦正是她的青春喷薄，可赵明诚不在，她的美好无人珍藏，要这晴好的春色有何用意？

于是，伤感，无尽的哀怨。她感到自己如尘世里一抹孤独的尘埃，不说这岁岁将近的春色，就是连那身边人的心都不可窥测……

孤寂使她躁动，使她不安。于是，试夹衫、敧山枕、抱浓愁、剪灯花，仿佛停下来，就立刻陷入无尽的黑暗。没有那人，又不忍辜负春光，她只好默默地换上春装，独行。但满眼的桃色仍旧没能解救她，在浓烈和不断翻滚着的思绪里，她最后还是向自己妥协，输给了低迷的情绪。

便作罢吧，她斜靠在檀枕上，心甘情愿做了情绪的奴隶。无精打采、好梦不成，在辗转反侧间折损了髻上凤钗。这样散淡的岁月，整个人心绪烦乱，她想必亦早已习惯。

这首词大致写于赵明诚重返仕途，于这一年的岁末辞别回乡探母之后，他又走了，独独剩下李清照一人。离别的次数多了，他像已习惯这样的告别，全然不顾李清照的相思之情。赵明诚啊赵明诚，是在何时，你亦变成一个寡情之人？

在爱情遇到了负心的那一方后，所有的良辰美景，都成虚设。像苏小小与名门公子阮郁，痴情女死后，多情的词人为她哀悼："幽兰露，如啼眼。无物结同心，烟花不堪剪。草如茵，松如盖。风为裳，水为佩。油壁车，夕相待。冷翠烛，劳光彩。西陵下，风吹雨。"像阮玲玉，真心真意爱了一生，最后终死于流言蜚语。这些懂爱的佳人，并无半分愧对爱情，只是红颜命薄，轻易就做了爱情的牺牲品。

是谁说，男人的天下是事业，女人的天下是男人。追本溯源，一切果真如窦漪房在《美人心计》中对刘恒所说的："你再陪我走一段好不好，我存在的意义，是因为你。"可悲的是，现实里，又有多少男人懂得女人内心深处的这份期待与所需？他们的眼光，除了女人，更有事业。而古时那些可怜的女人，纵然面对全世界，眼前、心内也只有身边的这个男人，这是幸运还是不幸？

黄昏凝重。不知多久，月亮腾空。又是夜深人静，等待李清照的，是孤枕难眠。屋子里，她点燃了一盏烛火，怔怔地，看烛光照射下自己在窗上的影儿。——点灯驱寒、剪弄灯花，是李清照此时唯一可打发寂寞的作为了。

这种以离情为题材的词篇，李清照写过多首，但这一首，"蕴藉而不隐晦，妍婉而不靡腻；流畅不失于浅易，怨悱不陷于颓唐"，特别是最后一句，形象生动，构词巧妙，读来令人歆歔不已。

爱，起初总是甜蜜的，笑声里有他的清影儿。然而，在长长的岁月中，相守却并不是一件容易的事。李清照总也无法接受，那些被辜负了的相思，以及未曾共同拥有的春色。如同这一年，杨花散落，她大好的青春也将凋零。

遗憾的是，没有分享他更多的人生。

我想，爱情总有遗憾的吧。深爱的一方，总要感到孤寂，多多少少。只是，我们都只有这一世，我们都只可相遇、相守这一次，故而，希望赵明诚能够理解，落花时节，李清照心内这一些悠长悠长的情思……

谁家横笛吹浓愁

——《满庭芳》

小阁藏春，闲窗锁昼，画堂无限深幽。篆香烧尽，日影下帘钩。手种江梅渐好，又何必、临水登楼？无人到，寂寥浑似，何逊在扬州。

从来知韵胜，难堪雨藉，不耐风揉。更谁家横笛，吹动浓愁。莫恨香消雪减，须信道、扫迹情留。难言处，良窗淡月，疏影尚风流。

在一年的时光中，我独爱四月和六月。

四月裂帛，最美人间四月天。

六月莲灿，映日荷花别样红。

时节更替，韶光短暂，犹如女子短暂的一生。因短暂，才要珍重，随遇而安，珍重每个可利用的美好年华。

1119年，徽宗改元宣和。赵明诚重又得到朝廷赏识，一纸令下，他匆匆离开青州，重返汴京去了。

他与李清照自成亲以来，两情相好，恨不夜夜笙歌，抵死缠绵。此次赵明诚赴任，却将李清照一人留于青州。寂寂深闺，孑然一身。感受到岁月的荒诞、人情的薄凉，想必李清照心里亦有所明了：那些惊天动地的誓言，终究抵不过漫长的红尘以及人世的煎熬，在时光无情的蹉跎中，原本那些深信不疑的温暖，日后注定要化作烟尘，一去不返。

深重的岁月里，那些情感，再多深刻，也都无处寻觅。只留下仍旧饱含深情的词人，泪眼迷蒙。李清照的爱，如此深邃，常人无法承担。

小阁藏春，闲窗锁昼，画堂无限深幽。
篆香烧尽，日影下帘钩。
手种江梅渐好，又何必、临水登楼？
无人到，寂寥浑似，何逊在扬州。

从来知韵胜，难堪雨藉，不耐风揉。
更谁家横笛，吹动浓愁。
莫恨香消雪减，须信道、扫迹情留。
难言处，良窗淡月，疏影尚风流。

"小阁藏春，闲窗锁昼，画堂无限深幽。篆香烧尽，日影下帘钩。"窗外，春意流泻，暖风和煦，花事渐浓。转眼，又是新春气息，空气里也都裹藏着花粉的甜腻。春，像一个顽皮的小孩儿，无缝不钻，眨眼就溢满了她的整个房间。

可她现在在做什么呢？闲窗深锁，她再一次将自己隔绝在这红尘之外。如此斑驳的岁月，她却固执地守着一方沉寂，将世间纷扰抛诸脑后。

木桌上，篆字盘香已然燃尽，幽香也渐渐淡去。时光一点点流逝，她为自己心疼，却又无可奈何。帘幕上，沉甸甸地倒映在其上的是夕阳的影，只留下一圈黯淡的光，却也在不知不觉中悄悄地离去。屋子里是安静的，又只剩下她独自一人。

"手种江梅渐好"，比起那道旁的娇红似火，她认为手栽的江梅更好，既填充了日子的清闲，又可随处观赏，一箭双雕。既是如此，一些美好的风景，也便不需要跋涉万水与千山追寻。于是乎，才有"又何必、临水登楼"。

此时此刻，李清照是完全发挥着"心同此理、情同此心"的特长的，她幻想自己是当年那个风度翩翩的男子——何逊，幻想自己能够像他一样，不出远门，而赏花千里。

早年间，何逊曾作诗《咏早梅》："朝洒长门泣，夕驻临邛杯。应知早飘落，故逐上春来。"句中提到两位红颜，即陈阿娇与卓文君。可巧的是，前者因不受宠爱，被汉武帝废贬困于长门，后者虽与丈夫交好，却听闻其要纳茂陵女子为妾。

如此的悲剧，如此的担忧，难道李清照亦有这样的顾虑？

想必赵明诚那样一个才华灼灼的男子，又生逢那样一个封建的北宋，在他的人生中，亦是有别的颜色。只是，唯有李清照，透过生命与之交缠，沉淀下来。

尚且懂得，赵明诚少年丰神，却也是烟火男子。况且他的风流，本就是女子心结。即便聪慧如此，又能奈何，李清照也只得"手种江梅"，以慰寂寥。

可仍是怕，怕时光无情、人心易变。记得当初相遇："青梅枝头，占尽春日美好。"犹如陈阿娇贵为皇后，天下景仰——她不也曾拥有世间所有女人想要的一切？就如卓文君者，当日打翻陈规，勇敢追爱，获得一份传世之爱，不也走到夫婿再觅春色的悲惨境地？

李清照亦是担忧的。隐隐的，她心里泛起一种不自信。这些年过去青春渐逝，独放了一季的美丽，与他携手共赏人间美景，最终却仍免不了长门泪、临邛杯，孤独地守着一个寂寞的梦。

梅，孤独地绽放枝头，既是无人来赏，那便是她吧！于是，"从来知韵胜，难堪雨藉，不耐风揉。更谁家横笛，吹动浓愁。"一笔笔浓烈的哀愁，似一汪汪动人的清泪。

很多人写梅，诸如林逋："疏影横斜水清浅，暗香浮动月黄昏"，写其幽独清高、淡泊闲逸；陆游："零落成泥碾作尘，只有香如故"，写其不畏谗毁、坚贞自守……然古往今来，却鲜有人写它的同样难禁风雨，写它的脆弱与伤怀，"一枝独放，傲然春色"的背后，正是难以诉说、难以承受的辛酸。"若非一番寒彻骨，哪得梅花扑鼻香？"——大概也唯有梅树本身，懂得自己曾经受了怎样严酷的风雪，这才散发出绝世的幽香。

"莫恨香消雪减，须信道、扫迹情留。难言处，良宵淡月，疏影尚风流。"太多的心事缠绕，却无人能解，无人慰藉。李清照只有暗自伤感，对己聊言。

别恨了吧。忘掉这零落成泥，香消雪减。"雁过留影"，花开有败，虽凋谢了，仍旧有那醉人的香气，飘荡风里。这一季丰饶的春色，终究逝去。岁月红尘，山河万里，人间本就多生变幻，况乎乱世更不能是久留之地！

"当你不再拥有，唯一能做的，便是要自己不要忘记。"这样多姿的春色来过，梅花曾这般欣然绽放，它们都曾光顾世间，因此，就算迅疾凋零，就算免不了被清风扫荡于尘世之外，也不能抹灭其曾存在的印迹。

淡然的花香，哪怕脆弱，亦是情感的不朽证明。——哪怕他只深爱了短短的一个春季，她也会告诉自己，犹如这花香，风吹不散，时光带不走，他的爱，将永远都在……

欲说还休多少事

香冷金猊，被翻红浪，起来慵
自梳头。任宝奁尘满，日上帘
钩。生怕离怀别苦，多少事、
欲说还休。新来瘦，非干病酒，
不是悲秋。

休休！这回去也，千万遍《阳
关》，也则难留。念武陵人远，
烟锁秦楼。惟有楼前流水，应
念我、终日凝眸。凝眸处，从
今又添，一段新愁。

——《凤凰台上忆吹箫》

欢娱年月，李清照少有作品，或许因她不再是惆怅模样。更多的时候，她同赵明诚醉心于收藏金石史书，协助丈夫共同完成《金石录》的撰写。这本著作录存了许多重要史料，极具文物史学研究价值，是赵明诚一生最大的成就。

可以说，《金石录》见证着这对平凡夫妻完满的爱情信念，也赐予了李清照后半生最珍贵的回忆。

也许，真正心有灵犀的爱人，会彼此合作共同完成一次神圣的事业。流光易抛，年岁无长。做衣，衣会褴褛；种花，花会凋零。唯有写词著书，即便在漫长的时光里，纸张溃烂，那些曾刻入肌肤、深入骨髓的句子，依然深埋记忆。对于爱情来说，"一万年太久，只争朝夕"。在宏大暂不可实现的美好承诺面前，当下的温暖，更能慰藉人心。

退一万步来说，就算李清照最终失去了所有，有一册《金石录》在手，亦能在寒夜之中，留个念想。女人一生，要的真是不多，一餐一饭，一个知心常伴，足矣。

李清照是幸运的。赵明诚虽心思游移，宠爱过歌姬与小妾，但他生命里最值得回首的岁月，是与李清照共同渡过。他眼中的李清照是"清丽其词，端庄其品，归去来兮，真堪偕隐"。字里行间是赤裸裸的欣赏与赞叹。

要知道，这样的关系并不是每对情侣都能有幸获得的。我们周围，有些人历经艰辛、耗尽缘分，好不容易走到了一起，却彼此互不珍惜，甚至一度怨恨在心，从爱人化作仇敌。这是多么遗憾的事情！自李清照嫁与赵明诚，十几年来，夫妻二人虽无子嗣，感情却依旧美好如初见。想起纳兰容若的"人生若只如初见"，再看看他们二人，他们就没有这般遗憾。

十里桃花，三生三世。

说到底，人世轮回，女子一生，为的不就是有幸得遇那个心意相通之人？

光阴如画，素衣华年。遇到那人，是一生恰如三月花。

倘若，时光没有流转，事情尚无变化，青州是他们一辈子的归宿……然而，这一年的深秋，他依旧去了远方，卸下相思，留她一人煎熬。

青州，始终是她的情思，沦陷更重。

汴京，那亦曾是她脱梦的地方。然而，他一走，那里就变成她的负担。为何相聚的时光总这样短暂？为何每次分离她都要承受相思的煎熬？当初遇见，盼的是"流年安稳，携手白头"，可如今，倒有些"劳燕分飞，各奔西东"。

秋意，这样浓；愁思，越发重。那些伤口，压在她的心口，压住她的笑容，压住又一段美好青春。相爱，变成了"镜中花，水中月"，让人放不开，却又抓不住。难熬的时候，她仍是提笔写词，一字字，一句句，抒发来自心底的哀怨。莫非，一个机警聪慧的女子，注定要一生为爱所苦？

她不知，亦不想问。窗前盛开的春花凋谢，门前早植的柳树枯萎，她心里清楚，一切都在默默地发生着改变。也许还包括，他的心。

香冷金猊，被翻红浪，起来慵自梳头。

任宝奁尘满，日上帘钩。

生怕离怀别苦，多少事、欲说还休。

新来瘦，非干病酒，不是悲秋。

休休！这回去也，千万遍《阳关》，也则难留。

念武陵人远，烟锁秦楼。

惟有楼前流水，应念我、终日凝眸。

凝眸处，从今又添，一段新愁。

宋徽宗宣和二年（1120年）七月，赵明诚被重新起用，任命为莱州郡守，即刻赴任。

得此消息，赵明诚是欣喜的，他在官场虽无宏愿，没指望像父亲赵挺之一样高官厚禄，但始终心怀仕途。经历了"元祐"等一系列打击，从内心深处，他对朝廷仍有眷恋，是希望能效忠朝廷，一展抱负才能的。况且在青州屏居，日子过得清苦，以至于收藏金石文画，不得不节衣省食。

想到未来可灿烂如阳，他连忙兴致勃勃地收拾行装，启程上路。——我想对于爱情，男人终究与女人不同吧。女人，一旦嫁作人妇，心中所感、所想，皆是夫家以及夫家之事。风流儒雅者如李清照，成婚之后，不一样也要以赵明诚为生活重心，处处惦念，小心谨慎？待得那时，才华也不过就是消遣日子的一种方式。而男人呢，有了家室，却似乎更醉心于前程。也许，在他们心中，女人抑或爱情，从来就不是能够真正引以为傲的吧。

这一切，心思细腻的李清照，——看在眼底。"喜其之喜，忧其所忧"，她勉强挤出一抹微笑，但暗处，无形的苦闷正拼命涌上心头，让她心事重重。

　　不知在临行前，他们互相说了什么。但告别的那刻，赵明诚一定言有慰藉，李清照也必定心领神会。分手的时刻到了，她送他出东门，他骑马赴汴京。青州与李清照，越来越远，直至消逝天涯尽头。而当她再也看不到了，他也没回眸。冷冽的寒风中，她衣衫单薄，孑孑而立，就那么一直到夕阳下山，月光满庭。

　　青州十年，虽生活清贫，常无所依，却是李清照一生最为欢乐的日子。她与赵明诚，日夜相守，寸步不离，赌书泼茶，阅尽人间春色。作为一个女子，她一生的诉求，在青州实现了圆满。这使她感觉此前的挫折、离别，都值得，使她温暖，使她欢乐，使她觉得自己是个有家、有爱的女人。

　　"遇一人白首，择一城终老。"我想，若有选择，李清照一定不舍青州。

　　这段时间，李清照鲜有词作，这使人忍不住怀疑：难道这位词人，在哀怨、伤愁时，才喜欢提笔写词？读她纸上的那些词句，愁肠满腹，点点离人泪。而青州，这段快乐的岁月里，她没有这样的习惯，恍惚变身另一人。

　　直到，这首词出现。

　　引用"弄玉"之事，李清照为这次别离，感到痴心与不舍。

汉朝刘向《列仙传·卷上·萧史》上曾记载一个美好的故事，后经明末冯梦龙记录于《东周列国志》中，就有了以下的版本：

春秋时期，秦穆公幼女弄玉，姿色倾城，聪慧过人，尤擅以吹笙。秦穆公因喜之爱之，特意为其剖美玉为笙，又筑"凤楼"为其居。弄玉常于凤楼前的凤台上吹笙，声如凤鸣。十五岁那年，秦穆公思忖女儿长大，考虑为她寻婿，她却道："必得善笙人，能与我唱和者，方是我夫，他非所愿也。"

这天傍晚，红霞坠叠，天净云空，弄玉又在凤台上吹起笙来，声音清越。忽闻有箫声相和，余音袅袅，连绵不绝。弄玉临风惘然，如有所失，心里牵挂，不知那人来历。半夜，她勉强入睡。不料梦中遇见五彩祥云，一男子风神俊貌，缓缓而出。未及她问话，对面之人手持长箫，只见他唇与管弦相轻触，顷刻间，音符跃出，悦耳动听。演罢，来人上前一步，自报家门，乃华山萧史。

弄玉即刻清醒，连忙将此事告知父亲。秦穆公派出孟明以寻之，果然在华山访得一吹箫男子，正是萧史。在秦穆公的命令下，萧史与弄玉箫笙合奏，顿见四周白鹤双飞、百鸟和鸣，如临天宫仙境。穆公大喜，遂使二人成亲，结为夫妻。

一日，夫妻二人吹箫和笙，竟召来神物金龙紫凤。"弄玉乘凤，萧史乘龙，夫妻二人一同仙去。"民间的"乘龙快婿"，就是由此而来。

正是这样一种"弄玉秦家女，萧史仙处童。相期红粉色，飞向紫烟中"的传说，令多少痴情女子心驰神往。李清照，亦在其中。然而，这样天作之合的因缘，清绝高妙，世间少有，人间能有多少女子有幸得之？所以，才会有那样多的人，对爱情充满希望，对离别感到无奈，于此，李清照亦是不能释怀。

词中引入此事，李清照之心，日月可鉴。

然而，赵明诚心中有他的仕途，朝廷下发的文书亦不敢怠慢，他是非走不可……于李清照来说，纵阅遍《阳关》又如何，那"达达"的马蹄，是催命的音符。

"香冷金猊，被翻红浪，起来慵自梳头。任宝奁尘满，日上帘钩。"他走了以后，她就变作这般模样。"时光尚好，你若在场。"没有了那个人，她辛勤梳妆又给谁看？屋子沉寂，香烟冷却，红被随便卷在一旁，裹着她同样冷的身心。

那堆放首饰的宝奁布满了尘埃，阳光稀疏映照窗台，却照不暖她的心。端坐在梳妆台，铜镜旁仍放着她取悦他的银钗，只是如今，失了颜色，越发陈旧。这一场景让我想起她儿时的"蹴罢秋千，起来慵整纤纤手"。同样是慵懒，心境却如此不同：那一处涤荡的是少女的天真。时光啊，真是摧残的一把好手，无邪的少女不见了，换回的是一个忧爱的妇人。她仍旧年轻，仍旧可人，却没有那般灵动逼人。这究竟是时光的罪孽？还是命运的谴责？抑或，每一个女子都要经历红尘的洗练，才能剪尽繁华，度化纯真？

她是不怕衰老的，她知道这是人生的必然，但她不忍别离。正因懂得韶华有限，所以更想与他形影不离，共同度过。风过无痕，雁过留声，可她的心事，又有谁知呢？

休休，算了罢，算了罢！他自有他的宏图大业，哪怕告别这十年美好的青州。"千巡有尽，寸衷难泯，无穷伤感。楚天湘水隔远滨，期早托鸿鳞。尺素申，尺素申，尺素频申，如相亲，如相亲。噫！从今一别，两地相思入梦频，闻雁来宾。"诚如《阳关三叠》，离别是人间大苦，可恨、可叹，却无计谋。情到深处，她唯有阶前泪洒，暗度悲秋。

他走了，并赐予她这些新愁。他走得那样决绝，像自己过去只在书中见过的"武陵之人"——刘义庆《幽明录》中的主角：

东汉时，浙江剡县人刘晨与阮肇在天台山因采药误入武陵溪，有缘遇见两仙女，心起爱慕，与之结为夫妇。桃源日子，精简朴素，长时以往，两人心生厌倦，开始思念家中糟糠，日益。仙女百般劝解，然二人坚持归家，无奈只好放行。

哪知山中一日，人间十年。此去，家乡早已人景改换，他们空手而归。如此，二人商议再返山中，哪知，那条熟悉的通往山间的小路，亦已不见踪迹。

这或许就是贪心的下场。"不如怜取眼前人。"幸福的道理其实很简单，可叹的是，世间中许多人陷入情关，执迷不悟。是以，唐王之涣《惆怅词》记之："晨肇重来路已迷，碧桃花谢武陵溪。"

　　面对爱情，李清照是不自信的。她担心"只见新人笑，不闻旧人哭"的爱情悲剧，在自己身上重演。宋时青楼繁多，迎往送人，好不热闹——即便赵明诚有心忠贞，但他毕竟肉体凡胎，难免受人引诱。也许，她只是自寻烦恼罢了。但这忧愁，竟如薄凉的秋日，越渐深浓，揪疼了她的一颗心。

　　回首以往，十年青州，她与赵明诚亦有"秦楼"，也曾度过一段心喜无忧的美好岁月。但如今雾锁重楼，只留下一段过往，追忆似水年华。她只不过想同他在一起，如何这般难以实现？非要令她"凝眸处，从今又添，一段新愁"。

　　"情不知所起，一往而深。"我又要念起这样的句子，与李清照同行。爱一个人，原来并非不能十分，只是聚少离多，谁人勇敢可担相思？青瓦灰墙，绿水红樱，脑海中闪现的是赌书泼茶嬉笑作双的青州岁月；竹林移影，风诉筑台，池中倒映着的却是身形消瘦红颜憔悴的词人李清照……

东莱不似蓬莱远

——《蝶恋花》

东莱不似蓬莱远。
酒盏深和浅。好把音书凭过雁，
惜别伤离方寸乱，忘了临行，
潇潇微雨闻孤馆。
唱到千千遍。人道山长山又断，
泪湿罗衣脂粉满，四叠《阳关》，

　　每一段姻缘，聚有时，散有时。红尘挣扎，只因生而为人。若知离散，不舍恩情，到底还是眷顾着那一场惊艳的相遇。只是，山川不改，桐花万里，所有的人事都抵不过时光飞逝。阅尽人间，山水不欠，谁都不是谁的归宿。

　　但李清照心有挂牵。赵明诚不在，她便犹如失魂。尚记得当初相遇青梅下，时光多惊艳。在她心里，早已认定他是归宿，是来时路。

　　于是，宋徽宗宣和三年（1121年）八月，在赵明诚离去一年之后，李清照踏上了寻夫的道路，且义无反顾。

　　也许，她自己都没能想到，就带着一个简单行囊，走在了青州通往莱州的路。还是在青州时，她总是夜不能寐，心有戚戚然。离别越久，相思越毒，甚至要揣测君心是否依然。终于，她的脆弱与慌张，连同住青州的姐妹们亦都看不过去了，纷纷劝她勇敢一些，莫要轻易放弃对这份爱的期待。

也是惆怅。但惆怅真不是办法。她想去到他的身边，再一起赌书泼茶、收藏金石，将莱州变作青州，仍旧鸳鸯同好。

——这是她跋涉万水千山的本意。

然而，一个人行走在路上，总是孤寂的。奔赴一场寻爱的旅程，她只好自我鼓励，说服自己相信，这些都是值得的。

泪湿罗衣脂粉满，四叠《阳关》，唱到千千遍。
人道山长山又断，潇潇微雨闻孤馆。

惜别伤离方寸乱，忘了临行，酒盏深和浅。
好把音书凭过雁，东莱不似蓬莱远。

自宋徽宗宣和元年（1119年），赵明诚重返汴京，便在宣和二年调任到莱州做了太守。分别的这一年里，李清照独自一人承担了难以言说的孤寂与落寞。相思使人瘦，况她原本就是一个心思细致的女子。

当她行至山东昌乐县，夜晚遭遇风雨投宿在一家驿馆时，伴随着潇潇雨落，各种情绪终于一拥而上，将她脆弱的心思撑破，将她瘦弱的身体撑开。伏在陌生的木桌前，李清照百感交集，写下这首《蝶恋花》。

　　这是写给她在青州的众姐妹们的。似乎，一路烟尘岁月，李清照从来不是一个习惯倾诉苦楚的女子。若非难以忍受，煎熬甚毒，她又怎会轻易提笔？也许，在最深的红尘里，也唯有同为女子的姐妹们，才能切身地感受到她深埋心底的伤痛。而李清照此次远行，势必要找到丈夫赵明诚，与之悲喜与共，富贵同担，再不分开。因此，这一别，怕是与知心的姐妹们再无相见之日。天高路远，时光不够。她对她们的相思和惦念，也就一并写在这首词中。

　　同样为了爱情不远千里踏上寻人路的女子，想必还有孟姜女。万喜良，从遇到这个男人的那刻起，她就注定要为爱情葬送毕生。秦始皇为了修筑长城，将她的爱人捉去，致使她的爱情就此分崩离析，然而她痴心一片，不肯驻守阳关，于是踏上追寻他的征程。春夏秋冬，寒来暑往，没有人告诉她应该怎么走，没有人陪伴，一个瘦弱的女子为了爱情，瞬间就可以变成披着铠甲的勇士。

　　然而，她来到他服役的长城地界终究是没能寻到心中的人。天雷滚滚，万箭穿心，她放肆地痛苦，哭声撕心裂肺，震倒了早已修筑而成的长城，露出他的尸骨。此后，关乎一位痴情女子为爱痴狂的传说就此流传。在这个红尘中，每多一个人知道，她的心痛便多一分。

我不知道，当李清照执意走上寻找赵明诚的道路时，心中可会想起孟姜女。也许她们并不可同日而语，毕竟李清照也算得到了比较完满的结局。

但寻觅的过程中也充满了苦涩，看她于路途中写下的词句，也是点点哀思："泪湿罗衣脂粉满，四叠《阳关》，唱到千千遍。"泪水顺着脸颊滑落，一滴一滴，湿了罗衣，化了脂粉。滚烫的泪珠里，皆是真诚的思念，而那人不在眼前，这注定是她唱给自己的"独角戏"。

聪慧如李清照者，又怎会不知，这一去，即再没有回头路。青州十年，虽家族仕途不顺，却有爱情相伴，她亦是欢喜极了。那十年间，她也曾于静好的岁月里，结识了众多善良的姐妹，闲暇时分，同她们一道游街赏梅，温煦的阳光之下，是她们一行人贴心的偎依，春去秋来，年华似水。

有谁知道，她要告别她们，用尽了多少气力。她与赵明诚的生活的一切，皆与她们息息相关、不可分割。人人知他们志同道合、伉俪情深；那日诏书一封，李清照受惊，众多姐妹亦是为她喜忧参半。特别是前些日子，她们看着她生生熬受这相思之苦，从活泼灵动变得孤寂默然，对这世事再不关心，就连窗外的春色也一并黯淡。

她们自是不知的，李清照没有改变，依旧是以前的佳人。她的心思向来春草一样细腻，为情所执。——这难免让人深深感慨。这样一个精灵般的女子，一生却注定为情所暖，为情所伤，为情羁绊。倘若没有这些，她该多么逍遥自在，一如那翱翔天边的雁。

可她终是因着宿命往下走的。柔情既已深种，犹如天网恢恢，无处可逃。这边是万千珍重，那边亦是不舍。辛苦了姐妹们为她聊备薄酒，欢送饯行，只是，觥筹交错之中，带着一股"今朝有酒今朝醉"的豪迈，人群中，最哀伤的，就是李清照。

席间，有人饮醉，情绪高涨，高唱着《阳关曲》，"阳关三叠，不诉离殇"。她们将痛心的眼泪滴入辛辣的酒盏之中，一饮而尽。推杯换盏，时间飞逝，一转眼，就要互道"珍重再见"……

"人道山长山又断，潇潇微雨闻孤馆。"行行重行行，青州的日子越来越远，最后就连青州这座城，也渺小如一粒细米。李清照孤独地走在路上，将沉甸甸的回忆，埋进心底。从此以后，无论是否安好，她懂得，青州只能沦为一段回忆，尘封岁月。前路漫漫，独自去寻找幸福，不是一件容易的事。可她还有更好的选择吗？如若继续停留青州，恐怕陪伴她的，就只有十年的美好过去，以及未来无穷无尽的孤单。

毋庸置疑，她是勇敢、清绝又高洁的。寻常女子，谁会想到千里寻夫？哦，也许尚有一个孟姜女。这样的女子，与其说是将

半生烟雨，半世桃花　李清照词传

一生的幸福维系在一个男子身上，不如说是赌给命运，赌给自己。很多时候，你不努力一把，不逼迫自己一把，又怎知前方没有光明？

路上，想必是有险阻的。"道路阻且长，会面安可知？"也许，迫不得已停留在一个陌生的境地，又适逢这样一个雨夜，听着窗外潺潺雨声，李清照此时便是这种担忧的心情吧。她心中亦有很多的不确定。想她昼夜兼程，风尘仆仆。原本心绪愁重，天气又不佳，由此更添悲凉。

我们的人生，何尝不似一场急雨？来得凄凉，来得荒诞，充满了偶然。一想到，让人生悲不止眼前，还有所谓的爱情，就感觉人生充满了无奈。因此，才有越来越多的人选择随缘。罢了，罢了吧，固执到最后，难免化为一缕伤痕。有那么一瞬间，李清照似要屈服于上天既定的命运，听之，任之。

"惜别伤离方寸乱，忘了临行，酒盏深和浅。"这一句呼应了上阕"四叠《阳关》，唱到千千遍"，是李清照在这孤寂的夜色中，再一次想到了当日与众姐妹依依惜别。回首那时的别离，竟是心乱如麻，六神无主，分别在即，好姐妹个个心如刀割——是怎样最终道了再见？唯有猛烈饮酒，让思绪麻醉，如此深厚的感情呵。

生动、细致的描写，将当日情形重现面前，令人读来，倍感亲切。她是舍不得的。寻夫是因为对赵明诚有感情，难道对这些姐妹们就不是了吗？但她，必须走。于是，只好悄然地自我安慰，"好把音书凭过雁，东莱不似蓬莱远"。酒席已过半，李清照仍是清醒的，分别是她的致命伤。饮尽一杯酒，她宽慰自己，莱州虽远，却不是蓬莱仙境那么神秘莫测、不可到达的，纵然姐妹之间相聚千里，但来日方长，仍可鸿雁传书。

词写毕，李清照的哀伤得以寄托。唯末句，使得本词的伤感意味锐减几分。但她的伤感，真的减少了吗？——其实，她心中明镜一般：此一去，万水千山，多少情缘都斩断。更何况赵明诚，何时又变作无心无情之人？身在莱州，"不似蓬莱远"，却一年之内书信俱无，更没有回家来团圆……

李清照不敢揣度，她害怕，那曾美如三月繁花的爱情，就这样遇冷凋谢，而赵明诚，她心心念念始终不忘的夫君，真的变成了自己最为憎恶的"武陵人"了……

这首词清新脱俗，读罢，自有十分凄楚，一如既往地展现了李清照写词的绝妙功底。黄墨谷先生在《重辑李清照集》中赞评此词道："《蝶恋花》（泪湿罗衣脂粉满）是一首开阖纵横的小令，王维的'劝君更尽一杯酒，西出阳关无故人'，到了她的笔下变成'四叠阳关，唱到千千遍'的激情，极夸张，却极亲切真挚。通首写惜别心情是一层比一层深入，但煞拍'好把音书凭过雁，东莱不似蓬莱远'，出人意外地而作宽解语，能放能淡。所谓善言情者不尽情。令词能够运用这种变幻莫测的笔法是很不容易的。"

词纵然是妙的，但倘若如此传世的佳作，需要耗尽李清照半生的相思造就，恕我私心，我宁愿她是一个守着爱情、守护一生甜蜜的俗人女子。

也许那样的李清照，会比较容易获得快乐。

至亲至疏是夫妻

寒窗败几无书史，公路可怜竟至此。青州从事孔方兄，终日纷纷喜生事。作诗谢绝聊闭门，燕寝凝香有佳思。静中吾乃得知交，乌有先生子虚子。

——《感怀》

天气晴朗，万里无云。这一日，李清照终于走进了莱州，这个心中默念千万次的地界。她兴奋地冲向这趟旅程的终点，去见那个同样默念万千遍名字的人儿。

一年光景，温情都改换。她来到他的府邸，也才知道，赵明诚与她，生活有多不同。更让她没有想到的是，他见了突然出现的她，眼神既喜又惊，或许吧，他大概没有想过，她会独自一人来此寻他。

她见到他，然后，见了他的妾室，最后又见了他蓄养的歌姬。一切都变了。在那一刻，晴光所到之处，皆成寒光。李清照清楚地知道，她于路途所担忧的，终成事实，而她渴望相依相伴的忠贞，则化为虚妄。声色犬马，流光溢彩，眼前的赵明诚，再也不是她李清照所认识的那个赵明诚。

在别人青春的气息里，她知道自己已不再年轻。然而，这如果是他放弃她的理由，她是断然不会原谅自己的。她是有自尊的。虽当初年少，我亦是不信她嫁赵明诚时，从未想过这些的；何况在当时的封建社会，一夫多妻本就再正常不过。只是她是李清照，敢爱敢恨，思想超前。她认定的人，也必定人品高洁、忠贞于爱。这点自信，她是有的。所以，她也想尝试一下，倾尽才华，能否挽回赵明诚的心。

寒窗败几无书史，公路可怜竟至此。
青州从事孔方兄，终日纷纷喜生事。
作诗谢绝聊闭门，燕寝凝香有佳思。
静中吾乃得知交，乌有先生子虚子。

她写下了这首小词。这仿若借自命运之手：你不能知道，倘若赵明诚始终一心一意，是否还会有此《感怀》。在本词之前，李清照另写一前序，短小精悍。

　　"宣和辛丑八月十日到莱，独坐一室，平生所见皆不在目前。几上有《礼韵》，因信手开之，约以所开为韵作诗。偶得子字，因以为韵，作感怀诗。"

　　仓皇来此，让赵明诚深感惊讶。他甚至没能好好地安顿她，只命人随意安排一空屋，就去照顾他的喜好去了。

　　李清照在下人的带领下，来到了这间房屋中。稍稍站定，环顾四周，只见窗户破旧，处处灰尘，像是许久都没人住过，连一本像样、可供翻阅的书籍都没有。冷清寂寥如此，让李清照心生失望。

　　窗外，就在距离她不过十尺的地方，赵明诚的脸庞依然熟悉。虽近在咫尺，但他却不再是一起相伴青州时的那个爱人。此时此刻，他远远地站在一旁，丰神依旧，却让她感到阵阵心寒。她看到，他的脸上带着笑意，继续他的莺歌燕舞，依红偎翠，可见他在莱州一切安好。不但安好，甚或快活。而她呢，屋中独坐，在青州是孤独的，在来时的路上是孤独的，到了莱州，见到了赵明诚，孤独非但丝毫未减，甚重。

荒凉至此，她想到了三国时期的袁术。建安二年，袁术在扬州称帝，后为吕布、曹操等人所破，走投无路，转投雷薄，遭拒。三天之后，由于粮草衰绝，只好引兵退守到江亭。当他得知数万大军，队中只有麦屑三十斛，食不果腹，又被告知无法饮水。他想到当初自己率兵千万，要风得风，要雨得雨，悲怆地向天大喊道："袁术至于此乎！"遂，吐血而亡。

此时的李清照，何尝不若如此。她虽自怜，然怜得有理有据，惹人心疼。

"青州从事孔方兄"，青州从事，语出刘义庆《世说新语·术解》："桓公有主簿善别酒，有酒则令先尝，好者谓'青州从事'，恶者谓'平原督邮'。"意指美酒，而孔方兄指的则是金钱财富。

写此句，李清照再一次化身能够洞察人世的智者。她说，人生在世，奔波劳碌，为的不过是美酒与财富。眼下如赵明诚，早已将毕生的精力投入其中，越陷越深。想想人这一世，耗尽青春，即便得到美酒与财富又如何？"赤条条来，赤条条去。"上天早已将归途拟定，又何必这样劳神费心，沉溺其中无法自拔？甚至牺牲了许多珍贵的人和物，这样真的值得吗？

赵明诚终是像他的父亲赵挺之一样，沉溺于声色犬马中了。如今，倚着窗儿，叩打记忆，想起那个丰神少年，想起为看他"和羞走。倚门回首，却把青梅嗅"的自己，李清照觉得心脏开始隐隐作痛……

　　奈何？奈何奈若何？每到痛处，她唯有幽默一把，哄骗自己了："静中吾乃得知交，乌有先生子虚子。"这是她的自嘲。她说服自己，在这茫茫的乾坤，她并不是孤独可耻的，她有两个至交好友在陪伴着自己：乌有先生和子虚子……子虚乌有，就像那天荒地老的爱情，像永远你侬我侬的爱情故事，不过是红尘之人耐不住寂寞，随手的编造而已，但此时李清照却情愿当真！此时此刻，就让她当真吧，如若不然，叫她如何面对这样一个赵明诚！"山月不知人事改"，多少花前月下的美好誓言，就这样消散，形如一阵轻烟，缥缈无痕，追无可追。以至于让人困惑：那样美好的场景，真的存在过吗？

　　不忍卒读！这是她黑色的李氏幽默。读到的是，她对深埋在心底的那一层爱恋的不舍，分明对他们的爱，她还抱着一种必胜的侥幸。荒废于淫乐的赵明诚，还没有彻底杀死她的一颗心！然而却也抵挡不住她发出的真切的怨恨。她一向是温婉可人，而这样的人的怨恨，实在让人垂怜。

　　成亲以来，她没有为生活穷困而怨过，当时"食无重肉，衣去重采，首无明珠翡翠之饰，室无涂金刺绣之具"，日子一样过得知足欢乐；她也没有因公公的自私而怨恨，她明白人在官场，身不由己的道理；最后，她亦没有因赵明诚远去求仕而怨过，只是日复一日地等待，皆因心中有爱，所以心甘情愿。

但三百多个日日夜夜的寂寞，换来了此时更加深重的担忧。她真怕赵明诚就这样变心了。那她以后的岁月，岂不是只能与清冷做伴？

所以，她写了《感怀》，是对此时所处情境的抗拒，亦希望借此唤回赵明诚……

终于，她的辛苦换回了圆满。宋徽宗宣和四年（1122年）初，李清照与赵明诚的关系终于得到缓和。与她关系生疏这几年，他像是去到了一个陌生的地方。如今回来，她没有让自己变成心怀怨恨、不依不饶的面目可憎的女子，而是更多地体察与包容他。

四目温柔相对的那一刻，她热泪盈眶。这样长久的等待，在她的生命中早已不是第一次。经历了漫长的烟尘，她早已学会了坦然，却仍旧学不会淡然。赵明诚对于她来说，始终是最温暖、在意的存在。

想必，也是因此，她才要如此努力吧。努力做一个善于等待的女子，等待山明水秀，恩爱重来。

伤心枕上三更雨

山河清远，芳菲乍泄。终于还是踏上寻他的道路。一路上，星月为伴，相思不寄，秋去春来，埋葬了令她哽咽无泪的串串心事。他日的情深似海，在这一刻，将她的肌肤与内心，划割得如此之痛。在兵荒马乱中，她无依无靠，唯有抱紧孤单的自己。那时终于懂得，爱情不过是一场风花雪月，充满了命运的偶然。

満目山河空念远

——《临江仙》

庭院深深深几许，云窗雾阁常扃。柳梢梅萼渐分明。春归秣陵树，人老建康城。

感月吟风多少事，如今老去无成。谁怜憔悴更凋零。试灯无意思，踏雪没心情。

夜色缱绻，万籁俱寂。素月高悬，清风拂面。凭借共同的兴趣爱好，他又回到了她的身边。岁月如初见，她以为，属于这个小家的温馨终于又回来了。但罗帏凄清，红烛泪下，一场更大的风波正在升腾，席卷。整个北宋，都感受到了强大的撼动。

北宋时期，由于朝内强干弱枝、重文轻武，加之党争频繁，导致国力积弱，引金兵入侵。宋徽宗宣和七年（1125年）十月，金兵灭辽国进而大举南下，直逼国都开封。宋徽宗惶恐之至，连忙让位宋钦宗，在其一系列有效的抵抗之下，才暂时保全了开封。然而，仅仅一年，也就是宋钦宗靖康元年（1126年）八月，金兵再次来犯，开封沦陷。次年二月，金人废黜宋徽宗、宋钦宗，北宋灭亡。同年五月，康王赵构在南京继承皇位（宋高宗），南宋开始。

半生烟雨，半世桃花　李清照词传

赵明诚与李清照，原本长久地沉浸在个人家庭生活的小圈子中，赌书泼茶、研究字画，可如今国家遭此重创，个人的命运被推至时代面前，唯能辛苦度日，共同存亡。可怜李清照，长途跋涉才从失却丈夫宠爱的阴霾中拨云见日，尚未安稳太久，便急急坠入国家灭亡的沉痛之中。她在《金石录后序》上这样描述："后屏居乡里十年，仰取俯拾，衣食有余。连守两郡，竭其俸入，以事铅椠。每获一书，即同共勘校，整集签题。得书画彝鼎，亦摩玩舒卷，指摘疵病，夜尽一烛为率。故能纸札精致，字画完整，冠诸收书家。"由此看出，当时夫妻二人关注的焦点，也仍是金石文物的收藏。但覆巢之下，安有完卵？靖康之变结束了北宋王朝，也势必改变他们夫妻的命运！

当时，赵明诚在莱州的任命已满，被朝廷调派至山东淄州。虽战火尚未燃烧至此，但境内经常有从战场上溃散下来的散兵游勇，他们时常聚众滋事，扰乱民生。李清照夫妇已经远远地嗅到了那浓烈灼热的火药之味。

他们最担心的，是这些费尽心机收藏的文物金石字画，怎么在这乱世中得以保留下来。然而一波未平，一波又起。偏偏此时（宋高宗建炎元年三月），赵明诚的母亲郭氏又在南京去世。依循古礼，他必须立即离任赶赴江宁奔丧。

远境，战火连天，硝烟弥漫；近处，母亲去世，悲自心中。

李清照与赵明诚清楚：若要心无挂念地前去奔丧，则首先要将文物字画安排妥善。关于夫妻心血的处置，李清照在《金石录后序》中同样有详细的记载："既长物不能尽载，乃先去书之重大印本者，又去画之多幅者，又去古器之无款识者，后又去书之监本者，画之平常者，器之重大者：凡屡减去，尚载书十五车。至东海，连舻渡淮，又渡江，至建康。青州故第尚锁书册什物，用屋十余间，期明年春再具舟载之。"

赵明诚在淄州上任数年，依旧潜心收藏字画，且青州离此不远，很有可能由于兴致将别处的字画一同运至此处，由此可见，淄州字画甚多。为此，他们必定要煞费心血，详细打算。考虑到运输难度，俩人先后排除掉体积过大的刻印本以及多图幅的字画，又再排除掉一些易得书籍、普通字画，没承想，剩下的物品居然还能装满十五车！时间紧迫，任务繁重，李清照知此次奔丧，意义非同寻常，眼前这些文物若不及时转移，日后便更加岌岌可危。危急时刻，她为赵明诚规划好路线，送他出行，李清照独自留在淄州，照看这一笔数额巨大的珍贵文物，并且制定计划将它们分批运往江宁。

于是，夫妇二人刚得团圆，又再被迫分离。

然而，夫妇两人心心念念、苦心经营的珍贵文物，终是没能保住。宋高宗建炎元年（1127年）十二月，青州忽生兵变，收藏在青州的文物"凡所谓十余屋者，已皆为煨烬矣"（《金石录

半生烟雨，半世桃花 ● 李清照词传

后序》）。在强大的王朝颠覆面前，李清照一介弱女子，虽使出浑身解数仍无法收获圆满，她拼死只保住了部分最珍贵的文物。赵明诚曾在《蔡襄〈赵氏神妙帖〉跋》中对此有详细记载："此帖章氏子售之京师，余以二百千得之。去年秋西兵之变，余家所资，荡无遗余。老妻独携此而逃。未几，江外之盗再掠镇江，此帖独存。信其神工妙翰，有物护持也。"这本《神妙帖》，是他花费二十万钱从东京章氏人家购买来的，当见到李清照于兵变后亲自携此见他，他竟激动得热泪盈眶。

此时，赵明诚已是江宁知府。虽内忧外患，但江宁自古为六朝古都，有帝王之气，更在整个东南、江南地区具有不可替代的政治、经济、军事地位。因此，李清照来此与夫团圆，也算暂时安稳。

手持拂尘，照见历史。时光悠悠回到战乱的民国时期。想起那位身着旗袍的妙龄女子，在初涉爱情之际，亦是花容月貌，明于天上星辰——王映霞与郁达夫，这一对外人眼中的金童玉女，初见相欢，再见依然，最后却落得尘缘荼蘼花事了。她终究不是一个能持闲淡岁月的女子。他也不是一个胸怀宽广的男子。爱到最后终成殇，令人遗憾。

这世间少有真正的痴情人，所以上天要令其命运坎坷起伏，在悲痛中人们得以自省，眼泪让人更懂得珍惜眼前。人要懂得感恩，岁月才会温柔相待，就像那一首广为流传的诗："那一天，我闭目在经殿的香雾中，蓦然听见你诵经中的真言；那一月，我摇动所有的经筒，不为超度，只为触摸你的指尖；那一年，磕长头匍匐在山路，不为觐见，只为贴着你的温暖；那一世，转山转水转佛塔，不为修来世，只为途中与你相见……"写这般词句的人，必定是经历了情海的苦楚。对于得不到与已失去，人们总倾向于心怀惋惜，念念不忘，只是这样，又如何"不负如来不负卿"呢？

哪怕再深刻的感情，也终会随着时间，一点点淡化，直至化作回忆。记得歌里曾唱："当时的月亮，曾经代表谁的心，结局都一样。"月亮是善变的，人心又何尝不是？所以在爱中痴缠的人，只管认真对待和珍惜当下就好，何必去想那根本没有头绪的未来？这样的道理，想必李清照亦是懂得。

夫妻团聚，花好月圆。李清照自是感到喜悦。况且赵明诚现今做了重镇郡守，有钱有势，朝野上下亦颇有薄名，因此，可安心继续研究、收藏他的金石刻画。但一切似乎又不是所预想的那样：虽生活安宁，但李清照与明诚，却再也没有饮酒煮茶、品赏字画，更不是无忧无虑，高雅清淡。

回首这几年，从国都被占、君主被俘、国家灭亡、青州先遭兵乱再到如今不得不与丈夫避难江宁，短短的两三年中，李清照的人生发生了翻天覆地的变化。"国破山河在，城春草木深！"她多日舟车劳顿、身心俱疲，早已无力应付生活，只求淡茶薄酒，稍得安稳！宋人周辉在《清波杂志》卷八中记载："顷见易安族人言：'明诚在建康日，易安每值天大雪，即顶笠披蓑，循城远览以寻诗。得句，必邀其夫赓和，明诚每苦之也。"

习惯了颠沛流离，习惯了触目惊心，让现在暂时安定的李清照，终是不能真正静心。每遇下雪，天地之间，雾霭重重。她便披着蓑衣，顶着斗笠，登上城楼远望，寻觅诗句。

庭院深深深几许，云窗雾阁常扃。
柳梢梅萼渐分明。春归秣陵树，人老建康城。

感月吟风多少事，如今老去无成。
谁怜憔悴更凋零。试灯无意思，踏雪没心情。

"庭院深深深几许，云窗雾阁常扃。柳梢梅萼渐分明。春归秣陵树，人老建康城。"暮春时节，春色渐浓。但词人李清照却神情倦怠，丝毫感受不到春天的欣欣向荣。回首以往，多少曼妙时光，却都消逝烟尘，转瞬难觅！年华已老，徒经青春，到如今一事无成！

"感月吟风多少事，如今老去无成。谁怜憔悴更凋零。试灯无意思，踏雪没心情。"想到此事，心绪黯然泪纵横。这原本是正月赏灯的日子，但此时的李清照，惆怅满腹，心事繁重，既无赏灯之心，亦无踏雪寻梅之情，落寞如是，可想而知！

虽然这些诗词语言非常浅白，但却意味深重，读来耐人寻味，似入李清照所在之境，体察李清照所思之情，种种过往，皆上心头，任凭眼前风景再美，亦无心思。

身怀家国天下的李清照，不能允许自己像个寻常妇人，只要获得一时安稳，便欣慰十分。相反，在她的灵魂深处，时常挂念着的，是故国的山河，是广袤的天下，是风雨飘摇中的大宋！

小楼昨夜又东风

——《多丽》

小楼寒，夜长帘幕低垂。恨萧萧、无情风雨，夜来揉损琼肌。也不似、贵妃醉脸，也不似、孙寿愁眉。韩令偷香，徐娘傅粉，莫将比拟未新奇。细看取，屈平陶令，风韵正相宜。微风起，清芬酝藉，不减酴醾。

渐秋阑、雪清玉瘦，向人无限依依。似愁凝、汉皋解佩，似泪洒、纨扇题诗。朗月清风，浓烟暗雨，天教憔悴度芳姿。纵爱惜、不知从此，留得无多时？人情好，何须更忆，泽畔东篱。

这寂寞深秋，寒冷得让她难以招架。

况且他不在身边。爱情被辜负，流年要虚度。她是需要爱来滋养和浇灌的女子。如此，更加难熬。

赵明诚的母亲郭氏去世，这一年的深秋，赵明诚离开李清

半生烟雨，半世桃花　李清照词传

照赶往江宁去奔丧，往日热门的淄州小院如今只剩下李清照孤单一人。空间一下子显得大了很多，时间也仿佛慢了下来，每天醒来，她都感觉无所事事，无精打采，除了悲秋，好像也没有什么事能打发时间。有人说："适应孤独，就像适应一种残疾。"的确如此。当一个人有所求而不得，心中情感无所寄托的时候，就容易产生孤独感。而相对于其他人来说，有过深情过往的人，更明白孤独有多撩人，投入地爱过的人，更知道寂寞有多噬骨。

　　小楼寒，夜长帘幕低垂。

　　恨萧萧、无情风雨，夜来揉损琼肌。

　　也不似、贵妃醉脸，也不似、孙寿愁眉。

　　韩令偷香，徐娘傅粉，莫将比拟未新奇。

　　细看取，屈平陶令，风韵正相宜。

　　微风起，清芬酝藉，不减酴醿。

　　渐秋阑、雪清玉瘦，向人无限依依。

　　似愁凝、汉皋解佩，似泪洒、纨扇题诗。

　　朗月清风，浓烟暗雨，天教憔悴度芳姿。

　　纵爱惜，不知从此，留得无多时？

　　人情好，何须更忆，泽畔东篱。

"小楼寒，夜长帘幕低垂。恨萧萧、无情风雨，夜来揉损琼肌。"秋深夜寒，小楼上帘幕低垂，抵不住漫天阴寒，冷风透骨。漫漫长夜，风雨潇潇，将院中琼肌玉骨的白菊，无情摧残。

李清照怜花。在一种凄清的氛围下，她看到院中被风雨打落的白菊。其实，这里表面看来在写菊花，实则是写自己。风雨邪恶，破坏花容，这是她双眼所能看到的，而自己的命运将走向何处，却是她目前不能够预料的。但在她的想象里，前程是一定不能明媚的，很可能也会像这些白菊一样，饱受风雨，坠落满地。在这并不具备阅读快感的一首词里，她竟连续使用了"恨""无情""揉损"等字眼，可见心中的愁绪有多深刻。

"也不似、贵妃醉脸，也不似、孙寿愁眉。韩令偷香，徐娘傅粉，莫将比拟未新奇。"又再一连使用几个典故，以衬心境。

其一，"贵妃醉脸"出自唐代李浚《松窗杂录》。暮春时节，唐玄宗与杨玉环设宴赏牡丹，听闻有人吟牡丹诗："国色朝酣酒，天香夜染衣。"玄宗一路问询，得知吟诗之人乃是书舍人李正封，便笑着对身旁的杨贵妃道："汝镜台前，宜饮以一紫金盏酒，则正封之诗见矣。"意思是，杨贵妃醉酒后的情态更显娇媚，正合彼时李正封所吟之牡丹，颜色姿丽，国色天香。这是他对她的恩宠。

写在这里，写在赵明诚不在身旁相伴的孤清岁月里，是否代表李清照有那么一丝嫉妒之意？也罢，身为女子，能否讨得心爱男子的娇宠，亦是需要讲求缘分的。有些爱情，上天给了你相遇，就要拿走相守；上天给了你相爱，就要拿走相处。那些性格不合、脾性不对乃至兴致不投的，有哪一对真正走到了人生尽头？诚然，犹如李清照与赵明诚这般相投、相爱更愿相守的人，势必也要经过时光的残酷考验，以证深情。

其二，"孙寿愁眉"，孙寿乃东汉权臣梁冀的妻子，一双巧手精于梳妆，不用人教便可绘出纤细愁眉，令人越发妖媚动人。《后汉书·梁冀传》中说："妻孙寿，色美而善为妖态，作愁眉、啼妆、堕马髻、折腰步、龋齿笑，以为媚惑。"

"女子无才便是德"，在与赵明诚相好的日子里，才女李清照怕是亦徒生女儿心思，渴望获得一手精巧梳妆的本领，以来取悦赵明诚、取悦爱情，哪怕抛置这一身的才情，唯愿红尘相伴，好梦一生。将一生的幸福维系在一个男子身上，究竟是幸或不幸？诚然才情弥漫如李清照，吟词作赋、万古流芳，亦是难以抵挡失去爱人的孤绝凄冷，那么，想来世间为女子，大抵都想要寻到那温暖的胸膛，安稳赴日。

其三，"韩令偷香"，韩令，即韩寿，东晋人。《晋书·贾充传》里写道，韩寿原本是贾充的属官，生得俊朗，被贾充的女儿贾午所喜。后来韩寿逾墙与贾午私会，贾午以晋武帝御赐给贾充的奇香赠予韩寿，因为香气弥漫难散，被贾充发现了。无奈之下，贾充只有把女儿嫁与了韩寿。

这样一个撮合姻缘的故事，倒有几分与她的相像。那日，晴空万里，还是少女的她，兀自坐在院中荡着秋千，恍惚间，在命运的布排下，一位俊朗的少年出现，她佯装依着青梅，嗅着春日特有的香气，悄眼瞅他。想来，李清照是伤感且多情的。纵然今日赵明诚有目的有计划地离去，李清照心底所惦念的，依旧是两人当初相遇的种种美好。也许，她期待有一天，能再这般于赵明诚眼前出现，将这漏缺的时光一一呈现。

其四，"徐娘傅粉"，徐娘，说的正是梁元帝的妃子徐昭佩，《南史·梁元帝徐妃传》中记载："妃以帝眇一目，每知帝将至，必为半面妆以俟，帝见则大怒而出。"徐娘者，身姿婀娜，容颜姣好，因放荡善妒与梁元帝不和。梁元帝是独眼，徐娘便用白粉遮面作半面妆，以此嘲笑。后来，她与朝臣季江私通，季江评说："徐娘虽老，犹尚多情。"

此处单用这一典故，便是在诉说自己的心内，涌动着满满的情思了。自与赵明诚成亲，几载已过，时光刻薄，将少女李清照变化少妇李清照。虽年华已老，但李清照心内的情思却依旧炽热，对赵明诚仍是一样情深。也许，她心里始终是热烈的，并且执着。此情不关风月，不关年华。

四个典故反衬出白菊的清雅美好，又在细致阐述自己对未来特别是这份爱情的执着与痴恋，借此表达了李清照轻视鄙俗、不同流俗的志趣。

"细看取，屈平陶令，风韵正相宜。微风起，清芬酝藉，不减酴醾。"此处提到屈原、陶渊明二人，衬的是白菊的高雅风韵。

"渐秋阑、雪清玉瘦，向人无限依依。似愁凝、汉皋解佩，似泪洒、纨扇题诗。"此处依旧用到了诸多典故。在词作形式上，既合了上阕，亦能进一步烘托李清照此时的情绪。

其一，"汉皋解佩"，汉皋指水边之地，《太平御览》引《列仙传》云："郑交甫将往楚，道之汉皋台下，有二女，佩两珠，大如荆鸡卵。交甫与之言，曰：'欲子之佩。'二女解与之。既行返顾，二女不见，佩亦失矣。"郑交甫索玉佩以与两位女子交好，结果空无所得，落得个茫然怅惘。说的是男子有了外遇，想要拿一点薄利与女子交欢，结果遭到了挫败，最后一无所有。我猜想，赵明诚不在身边，李清照已然对这份感情，心生恐慌。难道女子天生就对感情之事不自信吗？想她当初亦是他的心头好，百般恩宠，那共度的岁月里，莫不是你情我愿、你侬我侬。然而，一旦分开且时日久远，看不到、摸不着时，镇定自若如李清照，也会伤神。她尚且知道，赵明诚虽好，却仍是一枚俗世的男子，经受不住风花雪月，故而想到，他如若亦有外遇，背叛自己，下场纵然也不会好的。况且，她更有自信，世间多的是诚如她这般纯洁的女子，不会为了眼前的一丁点薄利，就去与陌生的男子苟合、交好。

其二，"纨扇题诗"，写的则是班婕妤。她才貌兼得，圣眷正浓，后宫三千，也只她一人得宠。一次，汉成帝特制了一辆辇车，想要邀她同游，却被班婕妤婉言相拒："贤圣之君皆有名臣在侧，三代末主乃有嬖女。"她说，圣主身边都是贤臣，若只是贪恋女色，便形同一个亡国之君了。想来，之所以独占圣恩，除却美好的容貌与形态，更得益于良好的妇德，也难怪她不但深受汉成帝喜爱，也深得王太后欣赏了。在这里，李清照抑或欲要表达，自己也是想做、能做一个拥有妇德的女性吧。

只是，惋惜。这样的恩宠以及汉成帝珍贵的觉悟，并没能进行到底。见到了赵氏姐妹，汉成帝忘却了耿直忠厚的班婕妤。心灰意冷，人生无趣，那个原本威震六宫的女子，凭着孤傲的脾性，自请往长信宫侍奉王太后，从此再不与良人见。烟花易冷，人事易分。李清照的心，再一次为身为女子的她们，阵阵地疼痛。任是"六宫粉黛无颜色"，最终也是倚仗他的宠爱。有朝一日，新人取代，她便什么都不是。女子的命运，就这样紧紧地依附在男子的身上，这是多么悲凉而不可更改的事实。

深宫寂寂，她想起过往的圣恩，怕是亦会痛心疾首吧，只是她聪慧地懂得，挽回一个失宠的局面，挽回一颗不再关注的心，又有多难。她写出《怨歌行》，以团扇自比，自我宽慰："新制齐纨素，皎洁如霜雪。裁作合欢扇，团圆似明月。出入君怀袖，动摇微风发。常恐秋节至，凉意夺炎热。弃捐箧笥中，恩情中道绝。"

这一切，犹如李清照此时的无助……她是裹挟着唯一的一生，等着、盼着，那个肯与之共赴白首的忠贞之人。

"朗月清风，浓烟暗雨，天教憔悴度芳姿。纵爱惜，不知从此，留得无多时？"写此句时，当真不知道她是已经想得痛彻，放下，抑或只是无奈地自言自语。白菊已然备受摧残，凋零满地，任是惋惜至死，也不能助其恢复本初——既然与赵明诚注定要承担这些别离之苦，她与其痛彻心扉，不如就试着慢慢接受、习惯，好好照料自己吧。那些留不住的，即使百般不舍，亦是无力。

末句"人情好，何须更忆，泽畔东篱"，是呼应前面的"细看取，屈平陶令，风韵正相宜"，仍写屈原和陶渊明。"泽畔"出自屈原《渔父》中的"屈原既放，游于江潭，行吟泽畔，颜色憔悴，形容枯槁"。"东篱"出自陶渊明《饮酒》："采菊东篱下，悠然见南山。"此句为反语，说的是，若是国家昌盛，又何须如此怀念屈原、陶渊明？进而引申为，若是夫妻恩爱如初，又何须哀叹婕妤之伤，填这一首咏菊的词？

李清照所怜惜的，原本不是白菊，更多的是她自己……

也许，爱情原本没有输赢之分。只是"和你对弈，输赢都回不去"。那些她与赵明诚携手共看春光秋月的时光，还回得去吗？那些与之作词遣怀、共同珍藏金石的时光，还回得去吗？那些她念念不忘的，亦会是他的心之所向吗？一切都是未知，她就这样形单影只，陷入对未来的恐慌中，不知所措。而当初那个执她之手、许她一世温存的人，如今能否感受得到呢？

可堪孤馆闭春寒
——《念奴娇》

萧条庭院，有斜风细雨，重门须闭。宠柳娇花寒食近，种种恼人天气。险韵诗成，扶头酒醒，别是闲滋味。征鸿过尽，万千心事难寄。

楼上几日春寒，帘垂四面，玉阑干慵倚。被冷香消新梦觉，不许愁人不起。清露晨流，新桐初引，多少游春意。日高烟敛，更看今日晴未？

征鸿过尽。无以为继。

本以为只要心中有爱，岁月亦是暖的。何况他也是少年才俊，热衷文学。但赵明诚还是走了，头也不回地。隔着忘川，她看不到他心中的情怀，猜不到漫长的红尘里，他是否也在牵挂。

这一刻，她甚或开始怀疑，仅仅有爱还是不够的，她需要信仰，需要一股新鲜、强大的力量注入体内，支持相思。

夜太漫长，凄冷决绝。爱情，瞬间沦为一场虚妄。没有了他，李清照似瞬间坠入冰冷的寒渊，瘦弱的她，连招架相思的力气，都是没有。

只是，如何排遣心中的忧郁，每个人可能都有自己的方式，而李清照最有可能用的方式，就是写词。

萧条庭院，有斜风细雨，重门须闭。
宠柳娇花寒食近，种种恼人天气。
险韵诗成，扶头酒醒，别是闲滋味。
征鸿过尽，万千心事难寄。

楼上几日春寒，帘垂四面，玉阑干慵倚。
被冷香消新梦觉，不许愁人不起。
清露晨流，新桐初引，多少游春意。
日高烟敛，更看今日晴未？

"萧条庭院，有斜风细雨，重门须闭。宠柳娇花寒食近，种种恼人天气。"季节悄然流逝，顷刻间身心便置身于三月暮春时节。诚然如梅一样坚韧，可李清照本质上来说，也还是一个脆弱的女子。她需要被心爱的人垂怜。

寒食节。寒冷的粥食，寒冷的街道，寒冷的行人，以及眼前这个寒冷的世界。春日回归，大地复苏，门庭依旧草长莺飞，杨柳拂堤，但李清照的身边，一切已然不同。没有了那人，红花失去颜色，绿意不再动人，纵然万物欣欣向荣，却再也唤不回往日那个活泼的李清照。

此时此刻，回忆最是苦痛。回首以往，明诚总会与她一同踏青，好花赏尽，美景看透，携手共渡，细水长流。然而现在，庭院春意深如许，却让人感到寒意深深。纵有蓬勃生机，宠柳娇花，亦只不过她眼中的失色背景。

此处的"宠柳娇花"是拟人化的虚写，写这柳树妩媚生姿，写这花朵颜色俏丽。宋代黄升曾于《增修笺注草堂诗馀》中称赞："前辈常称易安'绿肥红瘦'为佳句。余亦谓此篇'宠柳娇花'之语亦甚奇俊，前此未有道之者。"又有明代王世贞《弇州山人词评》提到："'宠柳娇花'，新丽之甚。"……

李清照运词之绝，早已举世瞩目。三字两字，便将心中所含情思，阐述殆尽。读之，令人心感此情，如临其境。

"险韵诗成，扶头酒醒，别是闲滋味。征鸿过尽，万千心事难寄。"险韵诗毕，扶头酒干，心中闲愁更甚。李清照是酒神，窃以为，男子在情浓无法排遣之际，才会选择与酒为伍，也是愁绪浓烈，不得释怀，所以身为女子的李清照，才要一次次痛饮，以求麻痹。想来日子极为清寒，夜色甚深，孤寂入侵，她

半生烟雨，半世桃花　　李清照词传

自是没有别的办法。明诚啊明诚，你在他乡，是否也一样的孤枕难眠……

在历史的滚滚河流中，多情人又岂止李清照一个。想那南唐后主，亦是情种一颗。大周后生性聪慧，生得明眸皓齿，深得李煜宠爱。然而"既生瑜，何生亮"，错就错在这样倾城的女子还有一个国色天香的妹妹。遇到小周后，李煜移情别恋，深深地为之迷恋。大周后深受打击，病死宫中。亡国之后，李煜伤心欲绝，写下千古名作《虞美人》："春花秋月何时了，往事知多少。小楼昨夜又东风，故国不堪回首月明中。雕栏玉砌应犹在，只是朱颜改。问君能有几多愁，恰似一江春水向东流。"悲催的是，赵光义得知此事，以为他有复国谋反之心，便下令将其以毒酒赐死了。噩耗传到小周后耳中，令她郁郁寡欢，不待几日便气绝身亡。

一段美好的感情，就此谢幕。只留下了无限伤怀的《虞美人》，千百年来在寒风冷冽的萧瑟时节，一遍遍凄厉地唱和着："问君能有几多愁，恰似一江春水向东流。"

悲哀的气氛，犹若李清照此时的心怀。征鸿过尽，天际空空如也。满腹的心事，不知向谁诉说！连那鸿雁竟都不可做她的传信使者，告慰她的一番相思之苦。更何况？前方自有他中意的仕途，纵然书信带到，他是否真心愿意回返？倒是真个没能想到，有一天，他竟为了仕途，这样容易地弃她而去，音信全无，连个往日一同欢快的节日，都干脆遗忘在身后……

"楼上几日春寒，帘垂四面，玉阑干慵倚。被冷香消新梦觉，不许愁人不起。"夜色阑珊，时光清浅。一个寻常女子，盼的不过是同一人共享安稳流年。只可惜，在这样美好的夜色下，她心事缠绕，辗转难眠。这是李清照惯用的写法，一如"香冷金猊，被翻红浪，起来慵自梳头。任宝奁尘满，日上帘钩"（《凤凰台上忆吹箫》），一如"瑞脑香消魂梦断，辟寒金小髻鬟松，醒时空对烛花红"（《浣溪沙·莫许杯深琥珀浓》），以物境描绘和体现人内心深处的寂寥，丝丝入扣，字字情深……

心若是被一人填满，也许该是幸福滋味。但奈何那人不在身边。我自以为，得到后的失去，更令人心寒。虽此刻的李清照并不曾是真正意义上的失去，但好景虽在，相思之人隔断万水千山，美好年华硬是不能同度，于一个渴望获得关爱的女子来说，又有何幸？寂寞红尘，别无他法，唯有倚遍阑干。

山重水复，一腔热情，徒换一纸辛酸。几次翻覆，香炉里的香料竟悄悄燃尽。当整个房间弥散着诱人的香气，却是连皮肤都感到冰冷、真切的寒。"不许愁人不起"，也许吧。如此寒冷的天气，适合叠被而起，去窗外拾捡岁月恩赐的春意。由此可见她的无奈。

来到室外，眼前的境地，却是开阔了。李清照方才感受到身体内有一线生机，复苏，呼唤，踏遍人间。"清露晨流，新桐初引，多少游春意。日高烟敛，更看今日晴未？"风雨初歇，迎面扑来的是新鲜的空气。那微微绽开的小小叶面上，轻轻抖动着一滴滴露珠，晶莹剔透，玲珑可人。再看高高的梧桐树上，早已抽长出细芽嫩叶，一夜的风雨滋润过后，蓬勃鲜嫩，翠绿欲滴。"更看今日晴未"，面对这盎然的生趣，李清照不禁自问，倘若再继续将自己固执地困于回忆，也只是辜负了时光的一番美意。这样美好的春日，似乎替李清照缓解了一丝孤凉。

但这句并不是一个肯定的陈述句，而是以一句"晴未"收煞，留下一个问句，让读者自行去想象，去深入了解。

清代毛先舒《诗辨坻》评价此词："词贵开拓，不欲沾滞，忽悲忽喜，乍远乍近，所为妙耳。如游乐词，须微著愁思，方不痴肥。李《春情》词本闺怨，结云'多少游春意''更看今日晴未'，忽而开拓，不但不为题束，并不为本意所苦。直如行云，舒卷自如，人不觉耳。"

到此时，一心渴望被人精心收藏的少女心思不见了，转而呈现于眼前的是一个走入现实、逐渐成熟的词人少妇。她终究懂得，纵然期盼，然这世间实无一人可护她周全，免她惊，免她慌，免她颠沛流离，而暂时失去赵明诚的李清照，在寂寞的春光中，逐渐开始懂得，这世上最不可放弃的，便是自爱。拥有了自爱，即便没有他人的呵护，她依旧能够心怀坦荡，安稳度日；一如被风雨侵打过的花朵，回报这个春光的，也只是骄傲盛放……

雨中芭蕉为我愁

——《添字丑奴儿》

窗前谁种芭蕉树，阴满中庭。

阴满中庭，叶叶心心舒卷有余情。

伤心枕上三更雨，点滴凄清。

点滴凄清，愁损北人不惯起来听。

歌里唱"等到风景都看透，也许你会陪我看，细水长流。"可残忍的是，现实里果真等到看透人间所有的风景，身边的那人，也早已不再——而到时候，要去哪里、和谁，一同细水长流？长长的韶光逝去，面对未知，也唯有追忆似水年华，在想象的空间里，捕捉那一抹荡然无存的往日温存。

心是暖的，可回忆却那样冰冷。

窗前谁种芭蕉树，阴满中庭。

阴满中庭。叶叶心心舒卷有余情。

伤心枕上三更雨，点滴凄清。

点滴凄清。愁损北人不惯起来听。

春风拂柳，渌水扬烟。江南多情，这里原本应当是个充满美好与憧憬的地方。"日出江花红胜火，春来江水绿如蓝"，四处草长莺飞，春光明媚，挽住了多少风流雅士的脚步。在岁月的纤尘里，他们感慨着"能不忆江南"。然而，初到这里的李清照，心内并无多少欢喜。

建炎二年（1128年）春天，李清照历经艰辛终于来到江宁，与日日思念的赵明诚团聚。随她到达江宁的，是十五车的金石文物，经过了长达千里的长途跋涉，又再经过几番战乱，她的内心早已疲倦不堪。幸好，此时终于瞥见了梦中人那张熟悉又温暖的脸庞，这才稍感安慰。然而，刚一安定，她心内便重燃对远方故土的思念，那些逃难途中所见所闻的一切，此时像慢镜头回放的电影，不断地在她的脑海中闪现。

对故土的思念，叫她寝食难安，一如一场尽日不息的风。

转眼，江南迎来了它的梅雨季节。

坐在布满阴暗的房屋里，李清照的心情充满了压抑。她原本就因思念过度而显得郁郁寡欢，此时竟连日不见一米阳光，更令她愁容满面。梅雨窸窸窣窣地敲打着窗台，潮湿的空气惹她烦闷。此时此刻，独自守着窗子的她，是那样想念遥远的天境之下，那充满了阳光的自由之地！北方的夏天不是这样的，虽有些干燥甚至是干旱，但心情是欢愉的，她怀念过去有福消受的那些夏夜，一如怀念那些清凉的夏风、夏雨。

只可惜，青州再也回不去了。那里，现下正是战火连天，想必，那些绿树也遭受了摧残，想必那些夏风，也不再单纯地吹着屋檐。一切都变了，一切也都回不去了。遍地的繁华落幕，让她的心生疼。

雨水依旧下着，流淌着，流过层层瓦片构成的屋檐，像断了线的泪珠，缓缓地滴到檐下的一棵棵巨大的芭蕉树上，发出滴滴答答的声响，李清照听着，更加沉寂。她朝窗外望去，芭蕉树就在身旁的一侧，那细细小小的一枚枚水珠，轻轻地滚动在每一片叶子上，发出晶莹剔透的小小光芒，像极了她的一个个微妙的心事，欲说还休。

雨中的芭蕉，似是多情、多愁的化身，总能惹人生出许多烦闷。芭蕉的叶心常是卷起的，犹如包裹着层层心事，或黄或翠的蕉叶，隐约是连绵不绝的情思。更何况雨滴芭蕉，一声声清润如水的敲打，似在诉说着一种古老而神秘的失落。大概是雨打芭蕉，声响太过冷冽清脆，惹得李清照起了追思亡国的伤痛与哀愁吧。在这样一个布满阴霾的天气里，她想起了有着同样惨痛经历的南唐后主——李煜。那个写得一手好词，却并不适合成为一名君主的男子，那个被后人称作"做个才人真绝代，可怜薄命做君王"的李煜。

共同的经历，使得李清照顿感自己与南唐后主，大抵真是"同是天涯沦落人"，她亦想起他写下的有关"芭蕉落雨"的伤感句子："云一涡，玉一梭，淡淡衫儿薄薄罗，轻颦双黛螺。秋风多，雨相和，帘外芭蕉三两棵。夜长人奈何！"

"夜长人奈何！"这同样也是李清照心里的无奈。故国已经在战火中消逝，她知道她所思念的，早已成为一种奢望。倘若有缘，尚且能得见故土收复的那一天，只是眼下，分明已经到达绝望的顶端。虽然这首词，李煜实则是写给他心爱的周后，但在易安心里，这早已沦为一种思念故土的完美表达。也罢，不管真相是在倾诉怎样一种感情，总归都是让人彷徨，叫人无奈！

"伤心枕上三更雨，点滴凄清。点滴凄清。愁损北人不惯起来听。"静夜无眠，只因三更时分，窗外还飘着滴滴答答的雨声。一滴滴，落在院中的芭蕉叶上，也敲打在无眠的心内。她失眠了，辗转反侧。这雨打芭蕉的声响，似乎是在一遍遍提醒着自己，那熟悉的故土，都已失去，此时，眼下，她所栖身的地方，是如此陌生与僻静，在纷纷扰扰的乱世中，她终究还是做了一个被迫远离故土的异乡人。

异乡人。不管是谁，从你离开故土的那一刻，这样一个略显讽刺与冷酷的称呼，便降临到你的身上，接受或者拒绝，它早已成为你的某一种身份。那些远离故土的人，莫不是去到远方捕捉毕生的梦想，然而，人们说，"到不了的，叫作远方；而回不去的地方，叫作家乡"。每一个离开故土奔赴远方的人，都是求一个好的前程，然而，也许在漫长的一段时间过后，在某一个僻静深刻的黑夜，也许就像李清照当下所身处的这么一个寂静的夜晚，当你听到他乡雨打芭蕉的回响，会再一次地勾起你对故土的思念。那个时候，你会明白，人事凋零，故国早已不在望。

曾经以为，远方就是希望。可又怎能明了，人生的下一站，将是何种模样？诸如此时的李清照，刚刚经历的一场亡国之痛，她哪里知道更大更汹涌的苦难，还在不远的将来等待。

只是这一刻，她尚且守着亡国的伤痛，不能自拔。又借这阵阵催心的雨打芭蕉，专心地为失去故土而伤，而痛。那窸窸窣窣的声响，仿佛来自心底，沉重阴暗，生生不息。

落红满地秋千架

山河破碎，夫君罹难。生逢乱世，她终是没能获得一个安稳流年。那一年，梅花绽放，她有心折枝，然而手握早春，却无处投寄，一如她无处安放的余生。那人走了，留下她无依无靠，孤苦伶仃。从此之后，心上无春，芳菲已尽。她就这样守着对他的思念，以泪洗面，度日如年。

等闲变却故人心

生当作人杰，死亦为鬼雄。

至今思项羽，不肯过江东。

——《夏日绝句》

　　世人看李清照，都为她是一代婉约派的杰出代表人物，想她吟风弄月，儿女情长，不过一介女子。殊不知，李清照之所以能够在几千年的中国文学史上留下重重的一笔，除了因为她具有一身的婉约之情外，更是因其有一股雄壮之气。

　　项羽兵败乌江，自觉无颜回见江东父老，遂自刎，由此成全一代霸王之美名。记忆中关于他的最早资料，来自于张爱玲所写的《霸王别姬》："噢，那你就留在后方，让汉军的士兵发现你，去把你献给刘邦吧！"虞姬微笑。她很迅速地把小刀抽出了鞘，只一刺，就深深地刺进了她的胸膛。项羽冲过去托住她的腰，她的手还紧紧抓着那镶金的刀柄，项羽俯下他的含泪的火一般光明的大眼睛紧紧瞅着她。她张开她的眼，然后，仿佛受不住这样强烈的阳光似的，她又合上了它们。项羽把耳朵凑到她的颤动的唇边，他听见她在说一句他所不懂的话："我比较喜欢那样的收梢。"特别是这一句"我比较喜欢那样的收梢"，留给人一定的阅读想象空间。

待后来又看到由陈凯歌导演，张国荣、张丰毅领衔主演的同名电影，这才懂得：霸王与虞姬的感情，亦是从极其重要的一个方面，展现了项羽作为一代枭雄的威猛姿态。

这样伟大的旷世绝恋，注定嵌入红尘，经久不衰——所以，李清照才会如此中意项羽吧！折服她的，不但是这男儿的铮铮铁骨，更是为爱献身的宏伟壮举！

生当作人杰，死亦为鬼雄。
至今思项羽，不肯过江东。

这首诗前两句是在表达她对战事的看法，即她崇拜项羽式的人物，败就是败了，男子汉大丈夫，要敢作敢当，面对失败，要敢于担负责任，承担后果。在她看来，项羽之所以能够成为一代英雄，名垂千古，就是因为虽有退路，却甘愿自刎乌江，宁死不屈。这是她要的男子气概。

同样是描写关于项羽兵败的，另外有两位著名的文学家，即杜牧与王安石。

胜败兵家事不期，包羞忍耻是男儿。

江东子弟多才俊，卷土重来未可知。

　　　　　　——杜牧《题乌江亭》

从诗中可以分辨到杜牧的观点，"胜败乃兵家常事"，他认为：男子汉大丈夫要能屈能伸，不能因为一次的胜败就灰心丧气。唯有"包羞忍耻"，才是真正的男儿本色，"留得青山在，不怕没柴烧"。就像韩信，虽遭受了胯下之辱，却就此逃过一劫，以至于最后获得最终的胜利。这样的人，在杜牧看来，可谓真正的英雄。

百战疲劳壮士衰，中原一败势难回。

江东子弟今虽在，肯为君王卷土来？

　　　　　　——王安石《吴江亭》

此两首同放在一起，就显得很有意思了。为什么？读罢此诗，王安石分明是在反驳杜牧。他认为，楚国大势已去，项羽即便忍辱偷生，亦是无力回天。如此看来，倒也不若一死，至少能留得英雄气概在人世。你看，李清照这样举世的词人，不就在对他歌功颂德了吗？

然而，她为什么要写这么一首诗呢？

她从小长于书香门第，父亲李格非亦刚正不阿，耳濡目染之下，虽为一介女流，李清照却养成男儿般的豪爽之气。如今身处乱世，国家正是用兵之际，奈何一些官员贪生怕死，置大好河山于不顾，哪还有什么民族气节？恨只恨自己乃女流之辈，无法上阵杀敌，也只能写些诗词，以表愤慨。

然而，她万万没有想到，就在她奋笔疾书进行不平之鸣时，身边却出现了一个贪生怕死的典型。更令她心寒的是，这个人不是别人，正是她的丈夫，赵明诚。

宋高宗建炎三年（1129年），赵明诚在江宁担任知府已有一年，这年二月，御营统制官王亦于城内兴兵作乱。虽此人官职低于赵明诚，但按照朝廷的规定，他统辖的兵马却是隶属于朝廷，因此，他的作乱对赵明诚来说，无疑是一次重大的灾难。但幸运的是，赵明诚此时已被调任湖州。因此，当他得知城内暴乱，便顺理成章地将事情全部推给了即将到任的江宁知府。而他自己，则伙同江宁其他两个官员，在一个月黑风高之夜，从城楼上悬下绳索逃走了。

身为朝廷命官、地方父母，就应该报效朝廷，护一方百姓周全。但赵明诚此举，实乃愧为朝臣，更愧对百姓。虽他当时已拿到湖州调令，但毕竟仍身在江宁，面对暴乱却故意视而不见，从法律上，也许人们不能指责一二，但站在道德的高度，他真是狼心狗肺。试想一下，当日月黑风高、无人察觉，他与其他二人偷偷地将绳索从城墙上扔下去，然后非常笨重地将自己慢慢悬放到安全地带，这种逃避责任的姿态，该有多么狼狈、丑恶？不禁让人怀疑，那个俊态丰神、热衷字画、颇具风流的少年才士，真的就是此时此刻的赵明诚吗？

更严重的是，他是否想过，若非他手下的一名名叫李谟的官员提前采取行动，防患于未然，整个江宁又会呈现怎样可怕的后果？也许他会被叛军杀害，甚至会因此连累李清照在内的全城百姓。到那个时候，他赵明诚若要如何面对"江东父老"，又如何面对李清照的一番深情？

李清照得知这件事后，痛心疾首，但她亦是历经磨难之人，将心比心，再加上对赵明诚始终是心疼多过苛责，在时光的洗礼之下，她最终选择了原谅。他们二人商定解甲归田，隐居山林。然而，生逢乱世，他们真的能就此轻易退隐吗？

半生烟雨，半世桃花　🌸　李清照词传

可怜春似人将老

永夜恹恹欢意少，空梦长安，认取长安道。为报今年春色好，花光月影宜相照。

随意杯盘虽草草，酒美梅酸，恰称人怀抱。醉莫插花花莫笑，可怜春似人将老。

——《蝶恋花》

　　李清照在《金石录后序》中这样记载道："（赵明诚）己酉春三月罢，具舟上芜湖，入姑孰（当涂），将卜居赣水上。夏五月至池阳（贵池），被旨知湖州，过阙上殿，遂驻家池阳，独赴召。"六月，赵明诚独驰马赴建康陛辞，冒大暑感疾，七月于建康病危，八月卒。卒前，李清照急返建康看视，已不可救。葬毕赵明诚，金兵已迫建康，李清照携带图书逃出，终生未再至建康，亦不可能在他处召亲族。由此可证，这首词确写于宋高宗建炎元年（1127年）三月三日上巳节，时值赵明诚在江宁担任知府。整首词用词看似率真，但若细细分析，却是极其婉转深沉。翻查资料得知，"上巳"一词最早大约出现于汉初的文献当中，春秋时代盛行于世，在古代是相当重要的一个节日。这天，人们通常都会选择去水边祭祀，以求来年行好运。《周礼》郑玄注："岁时袯除，如今三月上巳如水上之类，衅浴，谓以香熏草药沐浴。"其他古书对此节日之注释甚多。

值得一提的是，这一节日尚有男女在袯除之时，表达爱慕的意思。诸如，杜甫《丽人行》中写道"三月三日天气新，长安水边多丽人"，就有丽人相随、共同祈爱的隐喻。所以，人们又将这一天称作"女儿节"。

美好逝去之时，甜蜜往昔最是折磨。犹记得痴情儿郎陆游与其表妹的一段深情往事。当年姻缘中断，他忍痛为她写下："红酥手，黄縢酒，满城春色宫墙柳。东风恶，欢情薄。一怀愁绪，几年离索，错、错、错。春如旧，人空瘦，泪痕红浥鲛绡透。桃花落，闲池阁，山盟虽在，锦书难托，莫、莫、莫。"而她含泪与之回应："世情薄，人情恶，雨送黄昏花易落。晓风干，泪痕残，欲笺心事，独倚斜栏，难、难、难。人成各，今非昨，病浑常似秋千索。角声寒，夜阑珊，怕人寻问，咽泪装欢，瞒、瞒、瞒。"两首《钗头凤》，道尽有情人不能厮守之心酸。

人们是惧怕甜蜜往昔的。往事之所以美好，是因为人们在回首之时，自动地对其加入了许多美好的想象，逝去的人，逝去的感情，忽然变成了春天里最明媚的阳光，每想一遍，都是暖色。在爱情中，倘若一个人总去回首过去，却也只说明，眼下的时光不够好，身旁的恋人不够强。

半生烟雨，半世桃花　李清照词传

烽火迷乱，时局紧凑，她和他迅疾收拾包裹离开淄州南渡，一路上风尘仆仆。下一个落脚点，正是金陵。北方陷入狼烟，金兵挥舞着刀枪剑戟，埋葬了她曾有过的少女时光和新婚之乐，将她岁月中仅有的一丝温存，也竟一并掠夺。至此，她什么都没有了。这种空洞切肤的情绪，一如屈原在《哀郢》中惊呼："曾不知夏之为丘兮，孰两东门之可芜""曼余目以流观兮，冀壹反之何时"，同样沉痛。他们被赶出家园，带着辛酸上路，期间有多少无眠之夜，还未到达却早已身心俱疲。然而，她不是一个矫情的女子，也幸好还有最爱的人，始终携手相随。

只是啊，叫她如何抛弃长安？那曾经满地的繁华，那曾经闪耀的青春，那是她成长、成熟的地方。是在那里，与一生的挚爱赵明诚相互结缘，是在那里名扬天下，但国家不幸，故都沦丧，她亦只有回首悄望。

国难当头，夜晚变作永夜。长夜漫漫，她心底怅怅欢意少。无数次在梦中见到那个意气风发的长安，醒来才知，一切都是，空梦一场。

永夜怅怅欢意少，空梦长安，认取长安道。
为报今年春色好，花光月影宜相照。

随意杯盘虽草草，酒美梅酸，恰称人怀抱。

醉莫插花花莫笑，可怜春似人将老。

思念太久、太深，她终于还是在梦中与繁华的汴京相遇。街道依旧那样宽阔明亮，她熟识的姐妹们在某个节日，齐聚庭前唤她一同前去赶庙会。庙会张灯结彩，十分热闹，穿越数万人群，她一眼就望见了今生最欣赏的梅。掌灯时分，回到家中，与他执手相见，尽识闺房喜乐，她低眉浅笑，将前夜发生的事情，详细诉于他听，红烛熄灭，房中充满了欢乐的笑声，她在他的怀中安稳地睡着。

梦中的情境，美好如初。一切仿若没有改变，又或者，是她内心深处，无论如何都无法接受山河破碎的事实。所以通过梦境，给了自己鼓励，给了自己逃避现实的机会。

"为报今年春色好，花光月影宜相照"，温吞的春色，红绿交错的风致，花光月影互相映照，格外动人。但国家的情境，却是完全不同了。此处又如刘禹锡的《金陵五题·石头城》诗"淮水东边旧时月，夜深还过女墙来"，一样沉郁苍凉，让人感慨万千。在这萧瑟的大时代面前，她一个弱女子唯独可以拥抱的，也就只有她的赵明诚了，此时的他们，更加情深意真，紧紧相依。在这样的乱世红尘里，她仍潜心许愿："君如流星我如月，夜夜流光相皎洁。"是的，只要有他的温柔在，她就笃定自己，能度化任何灾难，行遍万水千山。

这一年的上巳节，街市失了热闹，人群失了兴致，国不是国，家不是家，举目看去，满是疮痍。异族嚣张，百姓忧患。她同大多数的人群一起游走，让自己沦陷在这无尽的哀愁中。又怎能不感到悲怆？这是她热爱的国家，她赖以成长的地方，如今却任人践踏，而她那伟大又盛名的国君啊，竟无力还击。

十二道诏书召回当朝唯一的忠臣岳飞，就此斩断他一心"尽忠报国"的心愿，将一整个国家，彻底葬送。

她为他痛，为他悲。国殇至此，无以复加，英雄都没有报国之门，她更恨。

春将去，人会老。时间的力量最是强大，欢欣、悲痛，都将为其所带走，不留一丝痕迹。她只有叹息，无尽地叹息，沉重地叹息。

"醉里插花花莫笑"，辞别故土，李清照的心情是寂寞的。被迫分离，她心里藏有何时再见的祈愿。北宋灭亡，她心戚戚然。插花曾是她往年最喜欢在闺房里做的事，而今已然成为一种负担。一插花，便会想起失去的远方，以及那些欢悦时光。冥冥之中，插花成为一种羁绊。她因此怕，如若再次插花，这纠结的心痛会惹得瓶中的花朵都要忍不住嘲笑她了。此处的情绪，让我想起她的那首《菩萨蛮》，"故乡何处是，忘了除非醉"，词意与"醉里插花"同。而"可怜春似人将老"，说的是最需要怜念的是春天也要像人一样快衰老了，其实是在指代整个宋朝。"春将老"，国将亡。

《蝶恋花》是一首六十字的令词，整首词包含了丰富的思想内容、深厚的感伤情绪，写得委婉曲折，笔意浑成，层层深入。

由于身处南北宋之交，时局的发展、变化又对李清照的词作风格产生了重大影响。因此，前期她的词普遍清丽脱俗，而后期的词作则多深沉抑郁。一些南渡期间所创作的作品，对南宋的一些词人产生了举重若轻的影响，诸如辛稼轩、姜白石等。辛稼轩有一首寓南渡之痛的《摸鱼儿》，结尾写道："闲愁最苦。休去倚危阑，斜阳正在，烟柳断肠处。"所用的写法与李清照这首的"可怜春似人将老"，都是将"斜阳""春暮"暗喻国家社稷现状的。

于尘世之外，她最终还是做了一个性格独特的女子。也许，国家灭亡了，其他的平凡女子亦会哀痛，但必定没有她这样凝重，似乎将一个国家的心事，全部押付在这一个小小的、柔弱的胸膛。她努力让自己变得坚强，亦会重拾复国、收复失地的信心。她是那样坚忍不拔。

那样真挚，她爱她的大宋，一如爱她的丈夫，长久，深刻。

梧桐半死清霜后

寻寻觅觅，冷冷清清，凄凄惨惨戚戚。乍暖还寒时候，最难将息。三杯两盏淡酒，怎敌他，晚来风急？雁过也，正伤心，却是旧时相识。

满地黄花堆积，憔悴损，如今有谁堪摘？守着窗儿，独自怎生得黑？梧桐更兼细雨，到黄昏，点点滴滴。这次第，怎一个愁字了得？

——《声声慢》

赵明诚出任湖州知州，途经江宁。回首以往，母丧于此，又在此重踏青云；享毕荣华，遭遇蒙羞，直至在此接受荣光。人生的际遇，果真充满变数，不可探究。

因任职需亲自面圣，赵明诚唯恐那些珍贵文物遗留于此，但鉴于时间紧迫，便决定让李清照先暂居池州，待他事情完毕后一同赴湖州上任。

然而，天有不测风云。此一别，不到一月，李清照等来的，是关乎赵明诚身患重疾的噩耗。原来，先前四处奔命，已是疲惫不堪，如今又再车马劳顿，赵明诚驱车刚赶到建康，就已疟疾缠身。

李清照得悉后，忧心似焚。她连夜启程，从水路赶往建康，丝毫不敢怠慢。然而，等她站在他面前，他已因服用大量柴胡、黄芩等寒性药物，引发痢疾，腹泻不止。最终数病齐发，命在旦夕。

仅仅几日，他便奄奄一息，绝尘而去。

这一年，他四十九，她四十六。

寻寻觅觅，冷冷清清，凄凄惨惨戚戚。

乍暖还寒时候，最难将息。

三杯两盏淡酒，怎敌他，晚来风急？

雁过也，正伤心，却是旧时相识。

满地黄花堆积，憔悴损，如今有谁堪摘？

守着窗儿，独自怎生得黑？

梧桐更兼细雨，到黄昏，点点滴滴。

这次第，怎一个愁字了得？

深情仍在，生死相隔。二十八载，皆成空忆。昔日山盟亦随人去。任红尘相遇，相许白头，终抵不过这荒诞结局。浮生散场，盛宴不再，脆弱如她，如何承受这突如其来的打击？

这一年的秋，来得恼人。举目处，皆萧索凄寒，好不瘆人。天意昏暝，阴霾不散，白霜入定。守着一生的痴妄，词人李清照画地为牢。眼前光景，身之所境，却正是一个"寻寻觅觅，冷冷清清，凄凄惨惨戚戚"。

山河破碎，故国不堪回首月明中。似在一夜之间，她又重回斑驳。夜静深远，女子的凄凄心事，闻者动容。然而此时的哀愁，早已不是少女时代肤浅的闺阁惆怅，生逢乱世，她知道，再也不会与赵明诚拥得好梦，直捣晨昏。

短短十四字，清楚地交代词人所处的环境、所持的心境。自古以来，有众多学者对此用法称赞不绝，宋罗大经《鹤林玉露》中说："起头连叠七字，以一妇人，乃能创意出奇如此。"明吴承恩亦有欣赏之意："易安此词首起十四叠字，超然笔墨蹊径之外。岂特闺帏，士林中不多见也。"……其不事雕琢，精思巧构，增强了遣词的感染力，轻易将读者引入词人的世界，令人幽咽凄楚，肠断心碎。后人多有效仿，如元代乔梦符作《天净沙》云"莺莺燕燕春春，花花柳柳真真，事事风风韵韵，娇娇嫩嫩，停停当当人人"……

常想起那些失去爱情抑或爱人的女子。然而，失去的结果也各有不同，比如三毛、张爱玲与杨绛，三人皆才学惊艳。三毛失去荷西，变成了一只孤独的旅鸟，不再兴高采烈到处飞翔，很难想象，那个天生豪放、渴望流浪人间的性情女子，最后竟以一条丝袜结束余生；张爱玲失去胡兰成、赖雅，前一个对她朝秦暮楚，始乱终弃，后一个与她相偎相伴，风雨同舟，失去第一个尚且可以寻觅下一份恋情，然而失去赖雅，她终于离群索居，避世为人；杨绛失去钱锺书，还失去了一个可爱的女儿，这不忍直视的残忍往事令她在花甲之年提笔写就了《我们仨》，她知道这一切不会再来，唯有在回忆里将最亲近的人找回。——好的爱人是什么？好的爱人是，不想失去甚至无法承受这份失去。所以三毛自杀，张爱玲避世，而杨绛执着地写下《我们仨》。她们都是痴情烈女，要在短暂的时光中铭记，上天曾给予如此美好的一份姻缘，如此完美的一个爱人。

而现在，李清照失去了他。

凉凉暮秋，乍暖还寒，正是最难将息。似是噩梦一场，几个轮回，相聚又分离。而她不愿相信，只是这次，"上穷碧落下黄泉"，她无论如何，都再寻不得那一人。"十年生死两茫茫，不思量，自难忘。"她的赵明诚，果真再一次扔下自己，就这么狠心地去了……留她凄凄惨惨、悲悲切切，于这苦海人间，独自挣扎。没有了家园，没有了温暖，要她如何支撑下去？

酒，一杯接一杯，可是啊，饮再多的酒，也无法驱除她的相思之寒。半梦半醒之间，犹记当年盛秋，满山层林尽染，他亦远在天边。熬不住浓烈的相思，她写了这样的词："红藕香残玉簟秋，轻解罗裳，独上兰舟。云中谁寄锦书来？雁字回时，月满西楼。"在那时，她亦没有等到他鸿雁传情，但至少，他活着，而现在……想到此，悲情转浓，痛从心来，忍不住伤心。

远处，苍山连绵，征鸿过尽……可是她，再也唤不回，那离逝的过往。

偏偏此时，菊花盛放，满目金黄，惹她思念更甚，忧伤愈重。那些遍目残碎的生命，搁浅在流光的某个缝隙，成了她此生注定走不出的劫难。"桑之落矣，其黄而陨"，有谁看得到她的憔悴？饮酒伤身慰情，也不过只得形容枯槁，犹如满地的残花。

斯人已去，空想白头。剩下的光阴，李清照该如何度过？"守着窗儿，独自怎生得黑？"这里的"黑"字，别有妙趣。张端义说："'黑'字不许第二人押，妇人中有此文笔，殆间气也。"虽平白通俗，却是点透人心，诉尽离殇。况且，"梧桐更兼细雨，到黄昏，点点滴滴"。她原本就为相思所扰，一夜无眠，却在这时，又听到雨打梧桐，点点滴滴，像是离人眼中的泪珠，滴在心头。

爱，生如许，却凋谢至极。唯独她，平添白发，残损年华。红绡帐内，任红被再翻浪，亦只剩下永远的孤清。

想到此生缘分已尽，她深深地惆怅，只有一句："这次第，怎一个愁字了得？"是啊，此情此景，又怎样是一个"愁"字能概括得了？偏偏此字，又是全词的中心，直到这一刻，整首词欲表达的情思才算掀到了高潮。前之种种，却都是铺垫。淡酒、晚风、北雁、黄花、梧桐、细雨，都是为一个"愁"字。

思君如流水，人远天涯近。

她这一腔浓重的情思，皆裹挟其中，让人不忍卒读。

山川都暮，风华已老。一切美好的过往，皆随岁月凋残。从此之后，她孑然一身，亦孑然一生。在红尘最深的凝望里，痴痴地守着那些美好，阅尽残生……

十年生死两茫茫

天上星河转，人间帘幕垂。
凉生枕簟泪痕滋。起解罗衣，
聊问夜何其？
翠贴莲蓬小，金销藕叶稀。
旧时天气旧时衣。只有情怀不
似旧家时！

——《南歌子》

赵明诚走后的这一年秋，李清照写了一首诗："十五年前花月底，相从曾赋赏花诗。今看花月浑相似，安得情怀似昔时。"

只是一秋芳华、一窗月，便把这哀思推向了极致。远去的韶光，那些美好，唤醒了记忆，翻覆重来。只是一深入，就变成了

半生烟雨，半世桃花　李清照词传

身后劫难，难觅踪迹。你侬我侬的日子，此时变成了天下至毒的毒药，稍不小心便侵入心脏，毒发身亡。

那一年，花正开，月正圆，他们并肩相携，赋诗对酒，共看落花。"今看花月浑相似，安得情怀似昔时。"如今，又到花开时节，可是身边却再没同她一起赏花之人。

——或许，人世间最痛心的事情，便是还爱着，却注定永远分开，既得的美好姻缘就这么轻易地断掉了，留给李清照的，只有无尽的伤感。

她带着浓重的思念，勉强度日。一年了，她还没有从失去爱人的打击中恢复过来。

天上星河转，人间帘幕垂。
凉生枕簟泪痕滋。起解罗衣，聊问夜何其？

翠贴莲蓬小，金销藕叶稀。
旧时天气旧时衣。只有情怀不似旧家时！

天上星河轮转。人间回首，又是一个秋天。
然而，一切都已不同。
他已离去，那么决绝，不留余地。

天气渐渐寒冷，没有他在，屋里烧香供暖，烟雾缭绕，却仍旧枕簟凉透。半夜起身，相思成灾，泪水沾透衣襟。这样的寒冷，这样的夜色，少了他，只是割肉剔骨的残酷。想起他，她痛了。强忍着痛楚，她真切地发抖。自他去后，她便和衣而卧，心性都懒。期待梦中团圆，然思念太过深重，秋水无边，长天漫漫，惹她望眼欲穿，却始终等不到他出现。

清醒后，自己也明白，他不会再来了，永远。分别的那一刻，是那样出乎意料。他走得太匆匆，才让她如此挂念，不能自拔。满屋子的想念，裹挟她的心绪，一直到天明。

静静地，就这么斜卧在床榻，不知过了多久，她竟又睡着了。再次醒来，脸颊的泪痕已干，她强支起身，用慵懒的声音说道：到底，夜有多深？此一句，也不明究竟问谁，也许，是长夜太过凄清，总是难熬，是她难以抵抗相思时，发出的呓语。

当然，没有人再回答她，除了她自己。又或者，她根本不需要谁来回答，只是随口说说而已。漫长的夜晚啊，怎么还不到头？漫长的人生啊，我该怎样煎熬？这看似简单的一句，却十足道出她的心病。没有了他，漫漫红尘，皆成磨难。她一个人，还有什么意思……

"翠贴莲蓬小，金销藕叶稀"，翠羽在衣上用细线缝贴成莲蓬的模样，金线织嵌成藕叶的纹迹，精美细致，就像那些她与他竭力相守的岁月。如今，她还是旧人，身上穿着的，亦还是旧衣，却只有那个人、那个心境，是再也难以捕捉的了。

人世间有多少这样的悲剧。你钟爱的人去了，却遗落了件件他心爱的东西，抑或你们曾共有的美好。彼时，失去了赵明诚，李清照睹物思人，心之念之，迫不及待想要再见到那梦中之人，然而，要她去哪里寻觅他的踪迹……

李清照不愧为名传千古的一代词人。她向来擅长透过描写身边的小物件，以景衬情，从而表达她内心深处的情思。通过这首词，她写了旧时的衣裳，给人以画面感，仿佛看到当年的李清照就是穿着这件衣裳，与赵明诚一起研习字画——由此，她将思念具体化，使人读罢，心头便自然涌动着一股凄怆孤寂。

星月轮转，岁月将带走一切灾难，但关乎赵明诚的死，她却久久不能释怀。那些过往见缝插针，在她孤寂的时候准时入侵，先是国破，如今家亡，前半世的欢好又怎么填满这后半世的凄清？

这首词虽然只用了单线，却极好地表达了词人的心绪。它用笔细腻，情调沉郁，所谓"文似看山不喜平"，此中正有很多的跌宕起伏，读来令人感同身受。

她是思念他的，为此，还曾写有一篇祭文《祭赵湖州文》，全文已经散佚，就剩下了一对残句："白日正中，叹庞翁之机捷。坚城自堕，怜杞妇之悲深。"

　　这里是两个典故。"白日正中，叹庞翁之机捷。"相传，唐代有一位禅门居士庞蕴，他感到自己不久将要入灭，于是就让女儿灵照到外面观日，灵照回报说，日已中天，却突现日食。庞蕴觉得疑惑，便出门察看，没想到灵照却趁此机会，登上父亲升化的座位，合掌而灭。庞蕴见状，直夸女儿聪慧，已悟得正法。李清照是想安慰自己：纵然人各有命，然命运让赵明诚先她而去亦是好的，倘若先走的是她，那他岂不是要承担这失去亲人的切肤之痛，就如她现在这般？

　　"坚城自堕，怜杞妇之悲深。"刘向《说苑·善说篇》载："昔华舟、杞梁战而死，其妻悲之，向城而哭，隅为之崩，城为之阤。"讲述的是春秋时期，齐国与莒国发动战争，齐国将领杞梁役中战死，其妻得悉后大哭十日，竟将莒国的城墙都哭塌了。值得一提的是，此乃孟姜女哭倒长城悼夫的本源。

　　在这里，李清照是想说，自己哀悼夫君，伤痛不比杞梁妻子的少。

　　半生烟雨，半世桃花　　李清照词传

梅花三弄泪千行

藤床纸帐朝眠起，说不尽、无佳思。沉香断续玉炉寒，伴我情怀如水。笛声三弄，梅心惊破，多少春情意。

小风疏雨萧萧地，又催下、千行泪。吹箫人去玉楼空，肠断与谁同倚。一枝折得，人间天上，没个人堪寄。

——《孤雁儿》

　　鲁迅先生曾说："长歌当哭，势必在痛定之后。"失去赵明诚，李清照痛彻心扉。词人拈花带笔，守着悠远漫长的时光，独自写下悼念他的诗词。

　　想起李银河和王小波。他们亦是爱得真诚，但命运刻薄，他撇下她先去了。年轻的时候，他经常给她写诗："我把我整个的灵魂都给你，连同它的怪癖，耍小脾气，忽明忽暗，一千八百种坏毛病。它真讨厌，只有一点好，爱你。"在他走后多年，每每想起这些情书情字，每每想到他对自己的爱意，她写道："小波离去已经七年了，七年间，树叶绿了七次，又黄了七次。花儿开了七次，又落了七次。我的生命就在这花开落之间匆匆过去。而他的花已永不再开，永远地枯萎了。"他的故事她永远都知道，而她的，他却再也不会知道了。

就像张爱玲在《倾城之恋》里写的："这一炸，炸掉了多少故事的尾巴！"

古有四痛："鳏寡孤独"，痛失赵明诚，李清照成了名副其实的"寡人"。

山河仍在，只是人远。千里之外，都无挂记。也许，在沉重的伤感背后，李清照的心，亦曾坚强过的。

藤床纸帐朝眠起，说不尽、无佳思。

沉香断续玉炉寒，伴我情怀如水。

笛声三弄，梅心惊破，多少春情意。

小风疏雨萧萧地，又催下、千行泪。

吹箫人去玉楼空，肠断与谁同倚。

一枝折得，人间天上，没个人堪寄。

"藤床纸帐朝眠起，说不尽、无佳思。"早上起床，太阳已经升得很高。她慵懒地起身，百无聊赖。双人被，单人睡，孤枕相思，好梦难存。浑浑噩噩之中，醒来却见日已三竿，然而李清照仍旧没有心思，亦无心情收拾。

"沉香断续玉炉寒，伴我情怀如水。"房内只她一人，四下寂然。行至香炉前，沉香已断，玉炉亦冷，如此荒凉，犹如她的内心一般。

"笛声三弄，梅心惊破，多少春情意。小风疏雨萧萧地，又催下、千行泪。"静坐房内，心神俱灭，然而未知何时，窗外笛声凄怨，李清照上前仔细听闻，却原来正是《梅花三弄》。思绪便又被带着，飘于天际。以往，她同赵明诚一同听到此曲，便会幻想梅花绽放，尽是芳菲人间。而现在，她唯有心惊胆战，甚至担心梅花也因此受到惊吓，不得再开；即便再开，那满园的春色，也再与自己无关。

正这样悲思之时，却又听到门外淅淅沥沥下起了小雨，此时此刻，情思难抑，她终于落下泪来。——但其实，李清照这里写到下雨，并不是窗外真的下雨，而是她的心情原本沉重，又再听到《梅花三弄》这样哀伤之曲，转而回忆曾经甜蜜，伤心过度，所以心里下起了小雨。这里不是写实，只是来表达词人内心的伤感、落寞。

分析之前李清照所写的诗词，我们知道，她个人十分钟爱梅花。以前同赵明诚交好之时，还曾买来梅花，戴于发髻，逗他观赏。可是现在，又到了梅花盛放的季节，纵然她满头插遍，又有谁来赏她、夸她、爱她呢？写到此处，自成哀怨。

"吹箫人去玉楼空，肠断与谁同倚。一枝折得，人间天上，没个人堪寄。"物是人非，小楼空空，以后再不会有人陪她一同赏梅、喝茶甚至争辩了。但满眼春色，她亦不想轻易辜负，便想到，反正花已开好，那就折一枝吧，兴许能安抚一下自己失落的心情。

三下两下，梅花握住。可是，现在该拿它怎么办呢？"人间天上，没个人堪寄。"没有办法了啊。赵明诚走了，任我踏遍红尘，再也找不到一个肯与我一同赏玩的人了。由此，相思之情更甚。

这里，还有一个关乎赠梅的典故：南北朝时期，江南有一个人叫陆凯，他有一个很好的朋友名叫范晔，居住在长安。为了表达思念之情，陆凯便折下了一枝梅花，托人寄送至长安。而李清照念及于此，感觉自己连个投递感情的人都没，心情更糟。她就像这枝孤独的梅花一般，无人垂怜。

在这首为追忆赵明诚所作的词中，李清照将自己完全寄托于梅花之上，是一种独特、果敢的写法，即梅就是她，她就是梅。读罢，使人能够更进一步体会到她对夫君的思念之情。

头白鸳鸯失伴飞

临高阁，乱山平野烟光薄。烟
光薄，栖鸦归后，暮天闻角。

断香残酒情怀恶，西风催衬梧
桐落。梧桐落，又还秋色，又
还寂寞。

——《忆秦娥》

春去秋来，庭前花开又谢。与他似曾相识的路口，凤凰花
开，那灿烂的色彩倒映下他的背影。时光匆匆，流水一般，他已
经愈行愈远，她，还在原地等待……

记得三毛曾说："如果有来生，要做一棵树，站成永恒，
没有悲伤的姿势：一半在尘土里安详，一半在空中飞扬；一半
散落阴凉，一半沐浴阳光。非常沉默非常骄傲，从不依靠从不
寻找。"

或许尝过了太多生而为人、生而为女人的苦痛，李清照亦
是不想再有如此这些伤怀。"情深不寿"，陷在岁月痛苦的
轮回里，前路虽远，却再也看不到希望。她，想必是真的绝望

落红满地秋千架

至极。

"梧桐半死清霜后，头白鸳鸯失伴飞。"恍如做了一场清梦，醒来的时候，梧桐半死，鸳鸯失伴。诚如张爱玲所说，"人生，长的是磨难。"而那短暂的，是欢喜。它执意要走，任谁都挽留不住。一切都在瞬息之间，瞬息之间，两个人的人生，都已改换。

但我想，她与赵明诚的这一世欢爱，终究是没有辜负的。相遇是美的，又是天赐的大好姻缘，即便后来赵明诚因为聚少离多，对李清照有多怠慢，到头来，陪他走完人生的，依旧只此一人。

临高阁，乱山平野烟光薄。

烟光薄，栖鸦归后，暮天闻角。

断香残酒情怀恶，西风催衬梧桐落。

梧桐落，又还秋色，又还寂寞。

《忆秦娥》词牌，相传李白首制此词，因词中有"秦娥梦断秦楼月"句，故名《忆秦娥》。"秦娥"本指的是古代秦国的女子弄玉。传说她是秦穆公嬴任好的女儿，爱吹箫，嫁给仙人萧史。李白词中写的是一个秦地（今陕西省一带）女子，自丈夫辞别出了远门之后，她便夜夜相思，从春天望到秋天，年复一年，总是音信杳然。因等不到心上人归来，她便对眼前一切的美景皆无感触，只觉一派凄凉。

此种心境与李清照等同。她登高望远，望的是乱山平野，烟光薄薄。群山蜿蜒起伏，寒鸦掠过头顶。落日的余晖，依旧不舍余温，好好地关照着这个世界。

远处有烟尘，亦有风，吹得她满耳凝重，所闻之处，皆是荒芜。香灭，酒残，她的心情更加糟糕。风紧，风大，梧桐花落。真真孑然一身了，此刻的她，如何不似这凋谢的桐花，飘飘荡荡，无依无靠。

"梧桐落，又还秋色，又还寂寞。"此时此刻，她是如此清晰地感受到国破家亡的悲怆，流露出的是一种从骨骼中渗透而出的绝望。清冷，惨淡，但，无可奈何。

"桐花万里路，连朝语不息。"经历了诸多波折，她终于变成一个人了。李清照写这首词，意在表达自己对失去的祖国山河、丧失的真爱所发出的凭吊。她常常以花自喻，也许来生，她真的想做一棵树，一朵花。

他们没有子嗣，这是李清照的苦，亦是赵明诚的痛。那些烟火年华中共同谱写的美好，也便无人继承。但千百年来，关于他们的故事，却注定世代流传。

她爱过一场，青春不枉。

即便他早早地离去，从此再无缘相见。但她依旧可以，就着回忆，温暖余生。

因为她知道。

若生当相见，亡者会黄泉。

半生烟雨，半世桃花　　李清照词传

为谁憔悴损芳姿

山色空蒙，雨姿丰沛。然而，难以滋润她的一颗破碎之心。这一年，失去心爱之人，她在乱世中独自飘零。夜色清冽，哀鸣不绝。在逃难途中，她又遗失了一生最为珍视的文物——她与赵明诚的爱情见证。岁月无情，红尘凌乱。在这片片萧索中，她亦渐渐老去。

不信人间有白头

——《临江仙》

庭院深深深几许，云窗雾阁春迟。为谁憔悴损芳姿，夜来清梦好，应是发南枝。

玉瘦檀轻无限恨，南楼羌管休吹。浓香吹尽有谁知，暖风迟日也，别到杏花肥。

红尘飞转，爱人先去，渺万里层云，难觅踪迹。乱世红颜，流年不堪，独自忍受孤单。他走了之后，在这偌大的人间，再也无可留恋之人，再也无可栖息之地，形影相对，冷冷清清。

这一年的李清照，已经四十九岁。而赵明诚离开她，亦已经四年。

赵明诚走了，留下他们共同收藏的珍贵文物，最重要的是李清照也必须为她自己的个人安危着想，尽快做打算。但她一介女子，力量微薄，该如何是好？此时，她想到了一个人，就是赵明诚的妹夫。时光太久，此人的真实名姓我们已不得而知。

此人当时在洪州官任兵部侍郎。洪州远离建康，考虑到战火暂时不会烧到那里，李清照便决定前去投奔，以求渡过此劫。当

半生烟雨，半世桃花　李清照词传

然，那些珍贵的文物，她亦是要随身携带。

然而，让她没能想到的是，自己费尽周折，从虎口中抢回的文物，送到洪州之后，还是难逃毁灭的厄运。虽然她的这位妹夫兵权在握，但金兵攻打南宋，去是采用兵分几路的战略，主力部队攻打建康，而分支则进攻洪州一带。当时，这位妹夫护送隆佑皇太后逃到洪州，正好遭遇金兵来攻，于是，李清照派人运送过去的文物，就这样全部毁灭。

> 庭院深深深几许，云窗雾阁春迟。
> 为谁憔悴损芳姿，夜来清梦好，应是发南枝。
>
> 玉瘦檀轻无限恨，南楼羌管休吹。
> 浓香吹尽有谁知，暖风迟日也，别到杏花肥。

"庭院深深深几许？云窗雾阁春迟。"庭院深深，春日迟迟。犹如一株单苞的花，她无枝可依。而窗外已然透亮，只是雾霭重重，春天何时才肯到来呢？赵明诚已经离去四年，但她依旧不能习惯。他走了，而她仍要在这乱世中苟活，一个弱女子，要她怎么办呢？

"为谁憔悴损芳姿，夜来清梦好，应是发南枝。"此处故设一问，以跌宕的笔触，补足上文。春日既迟，那是为谁熬煞心思，惹得红颜消瘦、不堪憔悴？此刻清醒，却犹记得夜晚清梦甚好，想来窗外早春的梅，已然发好几枝。人花合写，把闺人幽独的离思与韶华易逝的怅惘，淋漓尽致地表现了出来。此处明在写花，实在写人，直接点明惹得那闺中人容颜憔悴的，正是对远人的思念。那么，既然憔悴，却为何有"清梦好"呢？——原来，她深知与赵明诚天人永诀，今生再无法相见，所以构筑了一场南柯相会。也许，对于此时的李清照来说，"远人纵未得归，能拥有梦里的欢娱，哪怕只片刻，亦是足够的了"。李清照以清词写苦思，倍增凄苦……她不是直接以梅写人，而是将梅花与自己的清梦联系起来，可见在她内心深处，梅花始终是一片清净、纯洁的存在，甚或能够代表她对已逝爱情的追思，由此愈觉意折层探，令人回味。

"玉瘦檀轻无限恨，南楼羌管休吹。"这里写梅花姿态清瘦，颜色浅红。无限恨，恨的是春光太迟，春情有限。而李清照的态度亦决绝，既已残瘦，那就莫要再吹曲调悲怨的《梅花落》了吧。

"浓香吹尽有谁知，暖风迟日也，别到杏花肥。"待要悲调一起，浓香吹尽，有谁可知？

漱玉词富于形象之美，李清照亦擅长作此应用，诸如"绿肥红瘦"，同此处的"别到杏花肥"，两者皆能别出心裁，新人耳

半生烟雨，半世桃花　　李清照词传

目。"杏花肥"的意思也就是杏花盛开，然而这里不直言盛开而着"肥"字，更能生动地描绘杏花盛放的姿态，使画面富有立体感，极大地增强其美感。

从更深刻的层次来看，此处更是以杏花的肥硕来衬托上阕所描绘的梅之清瘦。两者对比增强，极大地增强视觉效果，使人为之一亮。同时，两两相衬，更点明了时间的跨度。

闺房暖帐，伊人不再。她却仍然，翘首企盼。从早梅绽蕊直盼到杏花开遍，二十四番花信风，已吹过半。而春日迟迟，伊人不回，花开花落，唯能独自观赏。难怪这圆满的春色，尽成愁痕。

读毕这首小词，深感李清照思人伤怀，那种对已逝亲人的留恋，尽在不言中，真可谓"为相思憔悴瘦损，伤韶华卑微易逝"，风雅并存，意味悠远深长。

山河破碎、黎民涂炭，文物又毁，李清照的心情，越发沉重。身处险境，生活苦不堪言，肉身的苦难倒也没有什么，最难熬的是，夜深人静，回首过去与赵明诚在一起相处时的甜蜜境况，再对比当下，冷清寂寥的风景，四十九岁的李清照，正是哀思无限，悲怆直然。

酒阑歌罢玉尊空

风定落花深，帘外拥红堆雪。

长记海棠开后，正伤春时节。

酒阑歌罢玉尊空，青缸暗明灭。

魂梦不堪幽怨，更一声啼鴂。

——《好事近》

这一年的暮春时节。

风已静，落花深。李清照的闺房，亦是一片沉寂。春来江南，窗外又是姹紫嫣红。只是物是人非，她早已没有心情赏花。无依无靠，生活颠沛流离，她常常脆弱，常常孤寂。到此时，竟有些艳羡眼前的这些花色了，红色如火，白色似雪，晶莹剔透，不可方物，它们至少还有个人来观赏、陪伴。可她自己呢？在这样一个伤春时节，她似乎注定要迎来一场悲怆的心绪。

念君常苦悲，夜夜不能寐。相思一断，人隔天涯。这些年，居无定所，对亡人的思念越发深重。"死生契阔，与子成说。执子之手，与子偕老"已然成为今世不可实现的传说，可她心有不甘。

诸如她这般情深义重的，有民国名伶孟小冬。相识之初，兀自一个风流才子，一个国色佳人，况且他们有着共同的爱好——京剧。他欣赏她，她敬佩他，如此结成姻缘。然而欢乐的日子有限，婚后9个月他便冷落了她，原因可笑是一位仰慕她的青年男子举枪到家中闹事。曾有的山盟海誓，在现实面前就轻易碎成了笑话，她唯有带着一颗受伤的心离开。

红尘里的女子，诚如李清照这般才华横溢者，一生的幸福亦只能寄托于一个男子之身。而如今，故人已去，唯留追思。追思成灾，伤春更甚。她这一生，变成了湖面上无人关顾的飘萍，东游西荡，不成个家。

> 风定落花深，帘外拥红堆雪。
> 长记海棠开后，正伤春时节。
>
> 酒阑歌罢玉尊空，青釭暗明灭。
> 魂梦不堪幽怨，更一声啼鴂。

"风定落花深，帘外拥红堆雪"，看着满院堆积的残损花瓣，红一阵，白一阵，紧蹙地堆积在门帘之外，李清照的心一阵激荡。她向来敏感、纤细，所以当风停的时候，即便不用掀开帘子，也知这凋谢、残损的景色是什么样的。

看到花落容易伤春，亦总能想起唐孟浩然的《春晓》："春眠不觉晓，处处闻啼鸟。夜来风雨声，花落知多少？"虽然诗人夜晚置身屋中，但听闻院外雷电大作，风雨袭来，便猜测到院中定有落红，但并没有呈现一种坚定的态度。由此可见，仍是李清照的心思，更为细致一些。

"长记海棠开后，正伤春时节"，突然记得海棠花落时节，正值伤春。想到花，也就想到海棠；想到海棠，不由想到李清照此前所作的一首诗词："昨夜风疏雨骤，浓睡不消残酒。试问卷帘人，却道海棠依旧。知否，知否？应是绿肥红瘦。"恐怕，此时的李清照，又再沉湎于过往的回忆中，不可自拔。那么，海棠花落于她而言，正是她的伤春时节。

世间万花，除却冷梅，李清照对海棠亦是深怀感情。或许这是因为其有"花中神仙"之美称，如霞似雪，高贵优雅，极衬李清照的品性吧。而这首《如梦令》，饱含着李清照对海棠的钟爱、珍惜，与这首相和，更加肯定了海棠在词人心中所占的地位。

整个上阕，李清照都在触景伤情，为落花而感叹。

"酒阑歌罢玉尊空，青缸暗明灭。"杯中酒已尽，伤春歌亦毕，望着空空的酒杯，以及眼前忽明忽暗的油灯，李清照陷入了孤寂。由这四个物象构筑的画面，如此幽暗、凄清、空冷。而她的身旁，再无那人作伴。置身于这样清冷的闺房，李清照的心境该是何等凄怆孤寂。所有的情感寄托，只能呈于笔下；而所有的情思，亦都只能辜负了。他走了，且渐行渐远，遗留一个孤绝凄清的背影，任人心伤，亦不可抵达。这或许是她注定要遭受的磨难。人生漫长，孤单漫长，唯有那些年共相好的时光，如此短暂。

"魂梦不堪幽怨，更一声啼鴂"，白日李清照伤春惜花，夜晚则借酒浇愁，想借助梦境得到一些安慰，然而梦中的情境，使她更加幽怨哀愁。酒醒后，头昏昏，听着窗外凄厉的啼鴂声，更添情伤。

醉生梦死，亦不能减轻现实给她的哀痛。这是何等悲哀？

这首词并没有正面抒发自己的情感，而是通过分别刻画室内、室外的景致，将深重的情怀寄托其中，读起来备感深沉、凝重。

虽然孤身一人继续苟活在这硝烟乱世，然而，她仍是有希望的。那些文物虽被掠夺至尽，但她还要等待江山崛起。永远都不要忘了，她不是一个只懂得伤春惜花的闺房女子。她的心里，亦对整个民族乃至国家，充满了哀伤！

所以，她在那硝烟弥漫的年代，选择跟随着宋高宗的逃难队伍一同前进。这一回，她选择投奔自己的弟弟李迒。此人是朝廷里边敕局删定官，负责删改、修改历朝皇帝的诏书、圣旨，再结合本朝皇帝的文告、诏书等进行编纂，整理成一种便于皇帝翻阅的文书。虽官职不大，却因职务特殊而跟随高宗左右。

《金石录后序》中记载说，经历青州与洪州两次浩劫之后，李清照仍剩有一些文物，是"岿然独存"的，大体包括四种：少量的、小篇幅的拓本和摹本；从一些石碑上、石刻上拓下来的摹本、刻本；李白、杜甫等一些著名文学家的诗文集的手抄本以及十分重要的十几件夏商周时代的青铜器和鼎。因这些文物相当珍贵，亦是最后所剩下的，故而李清照决定携带在身边，尽全力保护。

偏偏此时，朝廷中传出一个对赵明诚不利的流言：说他生前将一把珍贵的玉壶献给了金国。此罪可视为卖国，比起之前赵明诚弃城而逃，性质严重得多。李清照听及此言，悲从中来，想他夫妇二人致力收藏，一生所愿，不过为后世留存珍贵，此刻赵明诚尸骨未寒，却又遭如此诋毁，更是悲愤交加。

李清照岂是一般女子，面对流言蜚语，她以身正言，在《金石录后序》中泼墨，还原事件真相：在赵明诚重病之际，有一名曰张飞卿的学士，听闻他是辨识金玉的高手，便带了一把玉壶前来建康，恳求赵明诚鉴定。其实，那壶原非玉制，而是石头，只是这种石头外观看上去与玉相仿而已。鉴定完毕，壶由来人带走，此后，两家再无联系。

这样一把粗糙劣质的壶，怎会是赵明诚所献呢？况且，当时来人鉴别完毕，早已将壶带走了啊。"大惶怖，不敢言，亦不敢遂已。"对于流言，李清照于《金石录后序》中，这般说道。然而她不甘于被诬蔑，自是有一股"士可杀，不可辱"的高洁情怀，于是，经过一夜深思熟虑，遂决定将全部珍宝一并奉献给朝廷，她想"人人知自己视文物如命，如今却能全部舍弃"，如此便可自证清白。

逃亡的日子，艰险异常。况且交通工具那样简陋，为了跟随朝廷，李清照一路走来，扔了衣物，抛却被褥，只携带文物。然而，高宗胆小如鼠，面对金兵的进攻，四处逃窜，途经苏南与江浙的大部分地区，山南海北，舟车劳顿，只苦了李清照，四处奔波，饥肠辘辘。

万幸的是，最后她终于得偿所愿，在建炎四年四月将见证她与赵明诚美好婚姻的珍贵文物，进献给了朝廷。

这也意味着，待她思念他时，连个可供睹物的东西，都是没有的了。

如这风雨中落败的残红，她的容颜亦在一年年损减。走过山川，越过河流，心力交瘁的李清照，唯有借着回忆中的那点温存，与时光拼命。

西风催衬梧桐落

年年雪里，常插梅花醉。接尽梅花无好意，赢得满衣清泪。

今年海角天涯，萧萧两鬓生华。看取晚来风势，故应难看梅花。

——《清平乐》

　　雪里梅开，莺飞草长，鸟语花香。春降人间，似有新生希望。于是李清照和衣而起，插梅而醉。她原以为春光再来，自己尚能平复心绪，岂料到，接尽梅花，只赢得清泪如许！

　　在她将文物托付给朝廷之后，李清照原本以为文物安全了，她与赵明诚的爱情信物终究得以保全。但计划永远赶不上变化，文物到达剡州之后，那里竟突然爆发战乱，随之，文物便被一个李姓的将军悉数纳入囊中。时隔不久，这位将军便在战乱中死掉了，而那些文物也就彻底不知踪迹。

　　李清照闻此，心痛欲死。这些年的费心收藏，连同赵明诚在时的精心品鉴，亦都化作一阵烟，四散风尘了。从最初的青州到洪州再到如今的朝廷，李清照终是看清楚了，她在《金石录后序》中沉痛地写道："所谓岿然独存者，无虑十去五六矣。"

身心俱损，李清照唯有将悲怆的心绪，藏于词中。

年年雪里，常插梅花醉。

挼尽梅花无好意，赢得满衣清泪。

今年海角天涯，萧萧两鬓生华。

看取晚来风势，故应难看梅花。

即便处在乱世，李清照亦一如既往地爱梅。过去，她写了那么多咏梅的词和诗。如今，梅花斗雪，梅花在她的笔下，依旧充满了朝气，充满了生机。

"年年雪里，常插梅花醉。"这又是在回忆了。往年，每回下起大雪，她都会携赵明诚一同前去饮酒赏梅。雪花积厚，踩踏脚下，不时发出"咯吱咯吱"的声响。而夫妻恩爱，让梅花也渐渐微醉。就在此时，赵明诚折下一枝梅花，插在她的云鬓之间。梅花鲜润，李清照脸颊飞红，两两相衬，看得人心都要醉了。

梅花似乎已经成为她与赵明诚美好生活中不可或缺的存在，象征着他们干净、纯洁的爱情和婚姻。但现在呢，斯人已去，剩她孤苦无依。再来赏梅，点点回忆涌上心头，带来的只是无尽的悲凉。既然没人再肯为她折梅，那她就自己动手吧！于是，小心翼翼地折下一枝，可却再也没有勇气将之插放到自己的云鬓。望着这让人伤心的梅花，泪水不觉垂落，只下意识地轻轻地搓动它的花瓣，看它在风中慢慢地飘落，亦如自己所剩无几的时光。可惜的是，那些美好的过往，任凭她哭到断肠，依旧如同这些粉碎的花瓣一样，再也回不来。

写这首词时，李清照那种孤立无援的、充满绝望的姿态尽诉笔端。梅花，饱含了她对赵明诚的刻骨相思，亦是消减她残年的劫难。

"今年海角天涯，萧萧两鬓生华。看取晚来风势，故应难看梅花。"眼前，梅花竞放，而自己飘泊天涯，颠沛流离，艰难的生活折磨得她两鬓斑斑。往年，尚且能看梅花，而在今朝，已毫无心绪，自己的一颗心恐怕早已随着故国的消亡、丈夫的离世，变得颓残。

这首词不仅透露出李清照对于逝去夫君的感怀之意，更裹挟着她对整个国家遭受重创后的哀怨叹息。

这样哀悼国破的诗词不少，很多诗人也有这种情怀，特别是一些男诗人。比如杜甫的"国破山河在，城春草木深"，他是放在一个直视的角度来写的，写国家山河破碎，城内草木衰败。读这句诗的时候，亦能从诗中感到诗人对国家遭受灭亡的那种痛惜，但相比李清照的这一首，却少了一些婉转的催人深思的意味。

在这首词里，李清照没有直接表达自己对国家的命运的担忧，而是假托于风景，假托于梅花以及赏梅这样的事。

这样婉转的写法，更贴合她女性的身份，读罢，也使人感觉更加细腻，值得推敲。这是她写词的一大特点。

卷起重帘留晚照

病起萧萧两鬓华，卧看残月上窗纱。豆蔻连梢煎熟水，莫分茶。

枕上诗书闲处好，门前风景雨来佳。终日向人多蕴藉，木樨花。

——《摊破浣溪沙》

国破家亡，一路过着颠沛流离、居无定所的生活，赵明诚病亡三年后，她终于病倒了。大病稍愈，虽不见得有几分精神欣赏和关心这世俗的生活，但此时的李清照心情却颇有好转。她明白，虽身处困境，活着的人还是要努力地活下去。能够保持一颗恬淡的心，观花看月，坚强面对纷繁的世界，更是难能可贵的，也正是赵明诚愿意看到的。于是，她撑起精神来，写下了一首《摊破浣溪沙》。

病起萧萧两鬓华，卧看残月上窗纱。
豆蔻连梢煎熟水，莫分茶。

枕上诗书闲处好，门前风景雨来佳。
终日向人多蕴藉，木樨花。

"病起萧萧两鬓华，卧看残月上窗纱。"她起身离床，来到铜镜之前。揽镜自照，看到了两鬓已是白发苍苍。岁月的艰辛和残酷，让她变得形容枯槁，她的心里不禁感到辛酸。

因病行走不便，她晚上卧倒在床，瞥见了那残月映照在窗纱上的影子。对于古人来说，看见月亮，似乎就等于看到了过往。"年年天上明月，岁岁今朝不同。"她想，若是人间的美好，能够同这天上的一轮圆月一般，亘古不变，持之以恒，该有多好。

"豆蔻连梢煎熟水，莫分茶。"因为生病，她现在正在服豆蔻煎的药，因茶水属凉性，与药性相克，也就慢慢不作分茶的享受了。分茶是宋朝茶道的一种，即将沸水注入有茶末的杯盏中。

"枕上诗书闲处好"，在李清照看来，即便身体抱恙，但只要有喜爱的诗书，自己就仍是闲适、轻松的。抑或，这样的岁月，她也心得安稳。想起之前与赵明诚相爱，俩人都是极其热爱购茶、品茶之人，每逢领到俸禄，都要买上一包新鲜的回到房中，品鉴珍贵字画，以茶为乐，日子过得闲适、自在。

古人张潮曾言："能闲世人之所忙者，方能忙世人之所闲者。"而悠闲的生活，莫过于"人莫乐于闲，非无所事事之谓也。闲则能读书，闲则能游名胜，闲则能交益友，闲则能饮酒，闲则能著书。天下之乐，孰大于是？"（张潮《幽梦影》）

这段话对于现在的我们来说，也是有启发意义的。快节奏的生活促使我们忙着，紧张着，却不知计划好，直接导致我们闲下来后不知道自己忙了什么，为什么而忙。相反，如果我们能在忙碌的环境中保持一颗冷静的头脑，将事半功倍很多。

"门前风景雨来佳"，此种境界，亦是懂得享受闲适的人所能感受到的。四季的变幻，各有妙趣。春日，草木发芽，阳光和煦；夏日，落英缤纷，荷花映日；秋日，天高云淡，漫山红叶；冬日，白雪皑皑，山川冰冻。而一个总囿于忙碌的人，岂能轻易洞察这美妙的四季？李清照与赵明诚，向来是一对会享受的伴侣。他们的钱财不是很多，却始终能够苦中作乐，人生过得异常丰富多彩。

"终日向人多蕴藉，木樨花。"屋子外面的桂花开了，屋内香气萦绕，使人倍觉清新。桂花，这又是李清照投之以爱的花种。之前，她亦写有多首歌颂桂花的诗词。

观月、分茶、枕月、听雨、赏花，原来淡薄的红尘中，尚有这样丰饶多姿的事情可做。即便失去了那个一同享受的人，也应当保持一份有爱的心。

落花风雨更伤春

——《菩萨蛮》

归鸿声断残云碧，背窗雪落炉烟直。烛底凤钗明，钗头人胜轻。春意看花难，西风留旧寒。角声催晓漏，曙色回牛斗。

江河破碎，夫君病亡，晚年凄凄惨惨。

偌大的南宋，盛不下一个李清照。

这一年，她在战火中，失去了所有。

异乡漂泊，居无定所。

下一步，该怎么办呢？

失去了丈夫的李清照，此时非常虚弱，但她身兼重任（保住与赵明诚收藏的剩下的少量珍贵文物），迫切需要一个稳定的生活。然而，世事纷乱，人心惶惶，她该找一个什么样的人，托付终身？

且不说一般的凡夫俗子她看不上，且这时已经两鬓斑白，又是遗孀，想来，若是果真能遇到一位有缘人，可定不负上天的恩赐了。

也许是造化生因吧。偏偏，一个名叫张汝舟的人，闯入了她的世界。此人官任右奉承郎监诸军审计司（军队里边负责财务审计和审核）。虽官品不大、政绩不高，但位置十分重要。

李清照在写给翰林学士綦崇礼的信中，详细介绍了自己与张汝舟的来往姻缘。里面清楚地写道，张汝舟在认识李清照的最初，一贯非常积极、主动地接近。一段时间后，李清照第二次成亲。也许，她是真的累了吧。年少的机警聪慧早已被长久的战乱与亡夫的伤痛，消磨得一干二净。在乱世中苟活，一个孤独的女子不过是想找个肩膀依靠，能有个家，有一个人疼，已是她今生最大的诉求。但她终是没能看透他———一个巧舌如簧、另有目的的卑鄙小人。

时光流转，许是过往曾有的那些温暖，以及当下的民不聊生，迫使她想要再建立一个家庭。然而，不似与赵明诚那般温暖，后来托付的这人，既卑鄙，又苟且。她一心软，他一来就颠覆了她的半壁江山。

归鸿声断残云碧，背窗雪落炉烟直。
烛底凤钗明，钗头人胜轻。

角声催晓漏，曙色回牛斗。
春意看花难，西风留旧寒。

"归鸿声断残云碧，背窗雪落炉烟直。"春日，鸿雁归来。李清照慵懒起身，怔怔望向窗外。远空之上，一片茫茫。她又再想起心头事：无枝可依，无家可归。偏是连这天边的鸿雁，亦是不如的。听归鸿，望碧云，古词中常以此表乡愁。唐张乔《登慈恩寺塔》诗："斜阳越乡思，天末见归鸿。"同样是以鸿雁来表达自己的思乡之情。再诸如，柳永《夜半乐》："凝泪眼、杳杳神京路，断鸿声远长天暮。"秦观的《江城子》："南来飞燕北归鸿。偶相逢，惨愁容。"

"烛底凤钗明，钗头人胜轻。"就着昏暗的烛火，凤钗被映照，显得流光溢彩。她的身上犹如镶贴了金箔，点点发散，璀璨一方。"人胜""花胜"，这一天正是正月初七。南朝学者宗懔的《荆楚岁时记》中记载这一日的景象为："剪彩为人，或镂金薄为人，以贴屏风，亦戴之头鬓；又造华胜以相遗；登高赋诗。"剪五色绸或金属薄片成人形，是表示辞旧迎新，新年新气象。更有薛道衡所写的《人日思归》："入春才七日，离家已二年。人归落雁后，思发在花前。"由此看来，在古代，这是一个备受关注的大节日。

冬日，万家灯火，礼花璀璨。原本应是一家人团聚之时，但她兀自拥抱着的，只有一屋子冷冷的金黄，以及一个孤单落寞的自己。鸿雁、残云、凤钗，零落而不堪，散淡而默然，衬极了她的心事。

想起过去这些时节，她身边尚有赵明诚陪伴，夫妻二人一唱一和、惬意无比，而今丢了那离人，节日的习俗却依旧，要她生生过得心疼：窗外簌簌飘落雪花，室内袅袅行着炉烟，没有一虫一鸟一花一木，却终只是雁断云残、雪落烟升，纵然烛底的凤钗再明，凤钗上的人胜再轻，她孤独一人，有何欢愉？

"角声催晓漏，曙色回牛斗。"此时，画角之声，透过碧绿色的纱窗，绵绵不绝于耳，顷刻天明。李清照独坐了一夜，静默地望着眼前的一切，徒生悲凉。此时此刻，她与这些静物有何区别呢？只不过它们尚且有安然之处，而她，却早已心凉无望。

"春意看花难，西风留旧寒。"早春已到，然而万物依旧凋残，欲要一探那欣欣向荣之景，恐怕亦是枉然。西风呼啸而过，敲打着纱窗，发出阵阵恼人的声响，提醒屋中人：冬日的严寒犹在，冷冽而刺骨。

李清照如此爱花之人，如今顿灭赏光之意。这正是，人既憔悴，心亦凄凉；既想赏花，又怕春寒。而这一切都因为，生怕回忆起过去与赵明诚一同游园之痛。一个思乡哀情的妇人形象，便跃然纸上。

也曾记得纳兰所作的《长相思》，"山一程，水一程，身向榆关那畔行，夜深千帐灯。风一更，雪一更，聒碎乡心梦不成，故园无此声。"几段恋情之后，心字成灰，天大地大唯生恨。并不是一些人用情不深，却是苍天不来成全。有时候一段无人回应的感情，也许应怪尘河太深，深过忘川，且饮尽弱水，亦不懂得甘心相忘。这边声嘶力竭，那人依旧站于岸上，于是，他的此岸成了她的彼处。溪流之下，有花绽放，涉尘三千而开，不为遗忘，只为散于佛前，接引一人的目光。只可惜，千般姻缘，还是辜负。

菩萨蛮，原为唐教坊曲名，后取为词牌名。李清照的这首《菩萨蛮》写于自己南渡最初的几年，全词以景衬情，寄托浓浓乡愁，表达了自己对中原故土的深切怀念。

南渡之后，生活每况愈下，日子凄凄惨惨戚戚。感怀于家道中落、国家败亡，所以在李清照的眼眸，任是连春天都不再会有的了。当望着窗外的皑皑白雪，她多想做一只鸿雁，追随家乡的踪迹。然而，风过无痕，转眼就不见了鸿雁的踪迹，就连那一丁点赏花的愿望，都渐渐冰冻于冷冽的寒风之中。这正是，画角嘹亮，晓漏催时；曙色天明，西风旧寒。

本词看似平淡冷静，其实，通过这简单的一词一景，皆能看到李清照对故土的留恋。这一年，她已经45岁。落叶归根，思乡的情怀，如此悠远。也许正是因为对过去安稳生活的眷恋，她想尽快结束目前的流离状态，所以，这样一个聪慧的人才会鲁莽地做出一个看似轻率的再嫁的决定。

骨冷魂清如梦醒

风柔日薄春犹早，夹衫乍着心情好。睡起觉微寒，梅花鬓上残。

故乡何处是？忘了除非醉。沈水卧时烧，香消酒未消。

——《菩萨蛮》

成亲之后，李清照很快就发现一个让她感觉全身都会颤抖的悲烈事实：张汝舟此人非但学识修养方面无法与赵明诚比肩，最不能容忍的是其道德品行的败坏。她在写给綦崇礼的信中说：张汝舟跟她成亲，原本为的就是她身边的那些珍贵文物。而实际上，在经历了几次动荡，李清照身边所携带的文物已然不多，因此张汝舟心内更生怨愤，甚至认为娶李清照是自己上当受骗。最最令其接受不了的是，即便成亲之后，李清照似乎亦没有将这些文物交于他掌控。

这是最令他感到不能忍受的地方，这使他清楚地感到：谋财计划，彻底泡汤。这时候，他开始与她计较成亲的代价了。为了达到目的，对一介弱女子非打即骂，尽情地向世人展示出他作为一个男人的卑鄙无耻。

李清照原本伤痕累累的身心，此刻又再遭受意想不到的家暴。可想而知，她的心底该是充满怎样的绝望。

悔与恨交织心头，她在给綦崇礼的信中这么写道："视听才分，实难共处，忍以桑榆之晚节，配兹驵侩之下才。"（李清照《投内翰綦公崇礼书》）

言下之意是在向其说明，她与张汝舟分明就是两类人。她真悔恨，因为经受不住颠沛流离，白白将自己这清白之身，轻易送给这样一个肮脏低劣的市侩。她又写道："身既怀臭之可嫌，唯求脱去，彼素抱璧之将往，决欲杀之。"（李清照《投内翰綦公崇礼书》）表示再也不愿与这个行径卑劣之人共处一室，只求速速道别各自清净。

面对这样一个豺狼式的人物，她心情亦有担忧，且不说此人目的不纯，他更是一个为了达到目的不择手段之人，按照当时的情境来说，李清照多在其身边滞留一日，都恐有性命之忧。

为了离开张汝舟，她做了一个果然且大胆的决定：离婚。

李清照就是李清照，虽身处封建色彩浓重的宋朝，却依旧敢想敢做。然而这个消息一出，石破天惊。

风柔日薄春犹早，夹衫乍着心情好。
睡起觉微寒，梅花鬓上残。

故乡何处是？忘了除非醉。
沈水卧时烧，香消酒未消。

南渡之后，李清照每每写词，无不裹挟着对国家、百姓和个人命运的深沉伤感，这种大无私的情怀也使她成为历史上独一无二的女词人。

这首词亦是作者南渡之后的作品，同样表达了深切的思乡之情。

"风柔日薄春犹早，夹衫乍着心情好。"春日刚到，阳光甚微，风轻轻地、柔和地吹。严寒已去，人们纷纷薄衫上身，李清照的心情忽然变得好起来。

"睡起觉微寒，梅花鬓上残。"昼寝醒后，春寒料峭，天气微凉。将身体从温暖的被窝抽离，李清照便触到了稍许寒意。窗外微风吹来，裹着几片凋残的梅花花瓣，轻落她的发鬓。

"故乡何处是？忘了除非醉。"欢快的景致，到了下阕不复存在。只叹这样美好的时日，无人同赏，无人同担，想起远去的故乡，邈远难归，唯有在清醒时分引颈北向，遥遥观望。而一句"忘了除非醉"，平白如话，却极度深刻沉痛。思乡情浓，唯有借酒浇愁。"忘"是以"忘不得""忘不了"，让思乡的心绪更坦白。

李清照知道，对于家乡，永无归期。那个失去的人，那些失去的感情，都封存在记忆，摸不到、碰不着。每每想起，命运回馈她的，只是心痛。而作为一个失却所有的人，她唯一能做的，亦只是向前看去，向前走，莫回首。

然而故乡是凝刻在肌肤、骨骼里的一道印记，却不是她想忘就能忘掉的。

"沉水卧时烧，香消酒未消。"昨晚睡时，屋内的沉香已经燃尽，香气消散。但她仍带着朦胧的醉意，这样浓烈的酒味，依旧未能要她沉睡。

李清照写一种情绪，素来不是直白地描述，此番写自己的思乡之情，引酒，引熏香，词意含蓄隽永。这一年，宋金对峙已有数年，在国家遇难的那刻，在她痛失夫君的那刻，李清照身体与精神里的"报国"分子被激发。此前尚且还是青春少女时，她的作品多围绕闺房喜乐、离愁，而这一时期，她将目光更多地放在了国家大事上。她主张抗战，切望收复失地，好让自己亦能早日返回故土。这其中，对金国人是恨，对南宋统治者是怨和怒，对她自己，则是深切地无奈。

太过思乡，太过期盼拥有一个温暖的家园，反而戕害了她的后半生。

回首再来欣赏这首思乡词，这首词上片写早春之喜，下片写思乡之苦，通过对比的手法（以美好的春色反衬有家难归）来表达自己的思乡之情，读来深切感人。我们更会通过个中情绪来慢慢猜度，李清照当初何以作下再嫁的决定。

真是其人可叹，其心可悯。

人生若只如初见

——《摊破浣溪沙》

揉破黄金万点轻，剪成碧玉叶

层层。风度精神如彦辅，大鲜明。

梅蕊重重何俗甚，丁香千结苦

粗生。熏透愁人千里梦，却无情。

李清照决定与张汝舟离婚，此时距离他们成婚不过百日。然
而她的名气太大，身份特殊，此消息一出便招来了很多非议。

张汝舟也没有料到李清照会如此刚烈，他原本以为她会跟
其他深受封建制度束缚的女子一样，一旦嫁了那人，便会嫁鸡随
鸡，嫁狗随狗，成为那人的附属品。

而李清照，自从与张汝舟决裂以后，她发现自己更加容易回
忆起故都汴京。

揉破黄金万点轻，剪成碧玉叶层层。

风度精神如彦辅，大鲜明。

梅蕊重重何俗甚，丁香千结苦粗生。

熏透愁人千里梦，却无情。

天幕低垂，夜空静谧。窗外的桂树在清浅的纱窗上，投射斑驳的影子。在遥远的异乡，月色依旧如钩，夜色令人心碎，可桂花不问人的破败心事，依旧开出一遍芬芳。只是失了温馨的陪伴，这清淡的馨香，亦成为一种甜蜜的负担。

又是一个无眠的夜晚，她倚窗向着天际望去，但见那星星点点的桂花，与碎成片片凌乱的桂花，一同点缀出满眼的金黄。

是了，金黄。曾几何时，这是如此温暖、明媚的色泽。一如那些与他相携的岁月，温润、干净，教人留恋。所以，她才会在这样一个美好的夜晚，熬住不睡，惹得一身寂寥。

嗅着这可爱的桂花香气，她的思绪不禁又飘向那个遥远的汴京。十几年前，她尚且还是一个天真、活泼的少女。当年，她曾亲手于自家的院中植下这么一株娇小的桂树。亦是在这样一个月色撩人的夜晚，桂花悄然开放，散发着一阵阵幽香。如今，桂树依然挺拔，桂花的香气依然凝神，只是这熟悉的香，和当年在汴京家中嗅到的是同一种吗？

人生路，美梦似路长。风里依稀，少年时光。回首前尘，似只浮生一瞬。四十年来，她经历了人生最美满的爱情和婚姻，现下，她的人生正受风吹雨打，多灾多难。即便日后再也不能获得丰盛人生，想必，她亦能凭借这些许的温暖，亦能安度后生。

但岁月刻薄，不肯放过她此刻的孤寂，风景越美，内心越颓残；花色越绚烂，她的人生越是凋零。现下，就只有那些清清淡淡的花香，陪她共度一夜秋光。

这思绪如潮的夜，对她来说，或许人间的一切，早已无可留恋。

《南唐二主词》中曾这样描绘梅花："砌下落梅如雪乱，拂了一身还满。"又有"青鸟不传云外信，丁香空结雨中愁"。梅花似雪，许是因它盛放在冬季，那样一个皑皑白雪的时空中，却有这样顽强的生灵。因此，雪大抵也不落寞。以往，李清照专注于梅，梅花怒放的时节，亦是她的欢欣、鼓舞。但现在，是怎样的孤寂，竟使她眼中的梅都冷落了，那么，在这个世间，究竟还有什么值得她流连？

这样的情绪，我们也会有。人在欣喜、欢悦之时，时空便是欢喜的，周边便是欢喜的，看花花暖，见月月洁。而在心情抑郁的时候，眼光所到之处，皆是黯淡。像范仲淹说的，"不以物喜，不以己悲"这样的胸怀，自是潇洒、大有气度，但，试问世上又有几人能真正于此？诚如李清照这般心思细腻、果敢的女子，也不能免俗。那些平常女子所有的哀思，她只有更甚，没有不及。

她怨恨，是那一树幽幽的桂香，唤醒了她的一夜好梦。也许，她此时正与赵明诚温习那旧时的美好；也许，他们正在相互期许来生；但现在，香气袭人，她再无睡意，唯有梦中稍稍碰触到的那一丝温暖，转瞬即无。

汴京是如此遥远，那个青葱的少女是如此遥远，那些美好带着温度的岁月，亦然。唯一近在眼前的，只有天边那一轮金黄的明月，以及窗前这一树的花香。但纵是有意欣赏，她却是连这点芬芳都留它不住，如此卑微，如此辛酸。

词中提到的彦辅，是当时被人称为"中朝名士"的乐广。《晋书》中说他"神姿郎彻"，亦有人评价他"此人之水镜，见之莹然，若披云雾而睹青天也"。由此可见，这人乃是一位丰神少年。在李清照的词中，曾出现诸多风流人物，我不敢说这些多多少少都有赵明诚的影子，但如此丰神俊秀，一定惹时光注目。

她曾称赞桂花为"花中第一流"，然而此时此刻，她的心思是脆弱的，眼神中充满了对桂花的摒弃之意。甚或连她生平最爱的梅花，亦有所牵连。人去楼空，花再美再芬芳，亦都成为一种不可名状的浪费。多少相思，也都无从凭寄。一个多情的女子，在遭遇无情之后，原本就是最苦痛、沉重的。这一切，或许只因李清照命薄，但可称赞的是，她从不这样自怜，虽此时清丽端雅的梅被她说成"梅蕊重重何俗甚"，丁香亦被她描述成"丁香千结苦粗生"，但我始终相信，在她内心深处，依然对爱有所偏执。

从这首词中，我们仍能看见，一个清丽端雅的女子，在一个月色阑珊的夜晚，不眠不休，兀自嗅着那桂花，追溯那早已不可挽回的曾经。

多情自古伤离别

——《怨王孙》

多情自是多沾惹，难拼舍，又
是寒食也。秋千巷陌人静，皎
月初斜，浸梨花。

恨绵绵。

帝里春晚，重门深院。草绿阶
前，暮天雁断。楼上远信谁传？

李清照毕竟是李清照，张汝舟也绝非赵明诚。她在明诚的身边，可以安之若素、笑逐颜开，绽放一个女子的所有美好，但面对张汝舟，必定是厌恶至极，恨不能早点脱离干系。

有想法，亦有行动。这就是她，李清照。

后来，她果然想到了极其极端的方式与之撇清关系，获得了自由。

只是经过这件事，她心已死。

在她的爱情史上，亦永远只有一个赵明诚，以及那些相濡以沫的时月，可供相思。

帝里春晚，重门深院。

草绿阶前，暮天雁断。

楼上远信谁传？恨绵绵。

多情自是多沾惹，难拼舍，又是寒食也。

秋千巷陌人静，皎月初斜，浸梨花。

这一年，汴京的春光来得有些晚。重门深浅，锁着一片。阶前绿草青青，惹人怜爱。暮色沉重，大雁飞断，是谁将相思隐匿在那远去的归鸿声中？

作这首词时，李清照与赵明诚刚刚成亲，从词的内容分析，这是赵明诚的又一次远行。当她独守空房时，汴京的大街上依旧熙熙攘攘，热闹非凡。也许她一个人时，也曾踏着曾经俩人一起走过的路途，去寻找那些喜爱的字画吧。只是心情，毕竟是有些落寞的。

她不开心。她并非是一个世俗女子，愿意自己的夫君位高权重，一身光耀。然而她亦不懂得挽留，或许是因为太爱他了吧。所以，当明白他的心思仍在官场，她就那么轻易地放行。待他纵马飞奔，她留给自己的，就是一个寂寞的春色。

也罢，想到自他们成亲以来，她过着梦幻中的幸福生活，与其一同品鉴字画、夫唱妇随，那曾是少女时代，特有的憧憬。

她是容易满足的人。对物质，一向要得很少。

望着大雁远去的身影，一如那天为赵明诚送行。当他的身影渐渐消逝于天际，时间就在那一瞬间静止。她屏住呼吸，在脑海中回忆他最后的深情。不知这次又要分别多久，她想着，下一次他再回来，一定给他更多的温柔。

她一向娴静如花，温柔似水，但只有这一次，分别的愁苦将她的心口牢牢堵住，仿佛下一秒就要窒息。

那青白色的天际之下，也许夫君也在深切地望着这头，思念着她。

暖风习习，杨花沾衣，真真一个恼人时节。她的身上，也多了几许拂不去的愁。夜晚，当一轮皎月悬于天际，仿佛一树的梨花，照透她的相思。

柳永那首著名的《雨霖铃》曾写道："寒蝉凄切，对长亭晚，骤雨初歇。都门帐饮无绪，留恋处、兰舟催发。执手相看泪眼，竟无语凝噎。念去去、千里烟波，暮霭沉沉楚天阔。多情自古伤离别，更那堪、冷落清秋节。今宵酒醒何处，杨柳岸、晓风残月。此去经年，应是良辰好景虚设。便纵有、千种风情，更与何人说。"他年少有才，然不得志，闲暇之时爱出入风尘之地。在一个名叫万花楼的地方，偶然的一次，他听到了一个女子弹唱这首《雨霖铃》，宛转悠扬，摄人心魂，令他一眼就爱上。当晚，为她，他还一气呵成写下了这首《蝶恋花》："伫倚危楼风细细，望及春愁，黯黯生天际。草色烟光残照里，无人会得凭栏意。也拟疏狂图一醉，对酒当歌，强乐还无味。衣带渐宽终不悔，为伊消得人憔悴。"

他同情青楼女子的不幸遭遇，从未鄙视，是真正将她们作为朋友。从那时起，他与她才子佳人，相得益彰。直到这位女子病重，为了治病，他与佳人迫不得已相互辞别。分别这日，他站在桥头，泪眼婆娑，想不到当初一首《雨霖铃》，竟成现实。可悲的是，从此那位女子音讯全无。柳永由此永失所爱，那一场离别的场景也就萦绕在心头，挥之不去，正可谓"多情自古伤离别"。

吴灏在《历朝名媛诗词》中评价说："易安以词擅长，挥洒俊逸，亦能琢炼……最爱其'草绿阶前，暮天雁断'，极似唐人。"她虽是生长于宋朝时期的小女子，写起词来，却颇具唐代诗人的大气风范，堪称词中月华。以这样的笔触来衬相思之情，那情思便像梨花，温润细腻，浸透春水。

她原来，是那样美好地与人相恋。纵然她是千古词人，是宋朝的一朵情花。

她这一生，也就这样真真切切、无比好运地爱了那么一次。

可惜，在她的第二段婚姻里，没有爱情，甚至没有婚姻。

玉箫声断人何处

梦断漏悄，愁浓酒恼。宝枕生寒，翠屏向晓。门外谁扫残红？

夜来风。

玉箫声断人何处？春又去，忍把归期负。此情此恨，此际拟托行云，问东君。

——《怨王孙》

永远都会记得。在那一年，两鬓染霜之际，为了获得一个安稳的生活，为了找寻一双温厚的肩膀，她曾遇人不淑。

在那样艰苦的日子里，她曾不止一次想起他，想起她笔下所期待的凤凰台上的动人故事。只是这终究是人间。在那段有限的相伴的时光里，他们亦是许多次分分合合，直至最终天人永隔。

半生烟雨，半世桃花 李清照词传

那一刻，他带走了她的魂魄。"上穷碧落下黄泉"，她此生的幸福，就这么跟着去了。

从此，留在人间的，就只有一个空空的壳。归期不可期，只有满地惹眼的寂寞。

哀愁这样多。命运多舛，如此悲惨的际遇，该去问谁呢？东君吗？它又是谁，能给什么呢？除了那些脆薄的安慰。她早已一无所有。

忘不了，她是选择了怎样一种极端的方式，摆脱了同张汝舟的恶劣关系。她告了他，因他做官上的疏漏，她反而得以重获自由。

那罪名叫作"妄增举数之官"。按照宋代科举制度，考仕途的人必须严格按照考试的次数，才能接受朝廷的恩赐，而张汝舟投机倒把，在考试的过程中虚报岁数，从而骗取了官职。

这个案子得以审理顺利，是因为惊动了宋高宗。最后，张汝舟罪名属实，被撤除官职，发配到广西柳州去了，李清照也被获准离婚。

虽然张汝舟是真有罪的，但按照宋代的律法，妻子告丈夫，若丈夫果真有罪，妻子也要坐两年牢。聪慧如李清照者，怎能不知此？但她拼死也要同那恶贼人摆脱关系，为了护自己周全，亦是为了保护赵明诚与她最后的爱情见证。幸运的是，在一些朋友的帮助下，她只承受了九天的牢狱之灾。

曾几何时，与赵明诚那般美好的婚姻只存在于梦境中。经过张汝舟，她才懂得，此生得遇赵明诚，已然花光今生所有运气。

天下之大，肯倾心对她的人，亦不过只有那么一个了。

离婚事件对李清照的影响很大，尤其外界，种种评价多是贬义，比如一个名叫胡仔的人就说："易安再适张汝舟，未几反目，有《启事》与綦处厚云：猥以桑榆之晚景，配兹驵侩之下材。中传者无不笑之。"（胡仔《苕溪渔隐丛话》）言辞凿凿，讥笑李清照自愿与张汝舟成亲，脾性不和，又在给綦崇礼的信中说，可惜自己这清白之身。还有一个叫王灼的说："赵死，再嫁某氏，讼而离之，晚节流荡无归。"（王灼《碧鸡漫志》）赵明诚死后，李清照再嫁，继而告其夫，此乃晚节不保。

这些，其实李清照早有预料，但比起与张汝舟共度后半生，这些诋毁、诽谤与讥笑，自然也就算不得什么了。

她是深明大义的女子。

其实，在那样的情形下，亦是有人为李清照做辩护的，然而受封建思想侵害严重，那些人并不站在事实的角度上为她撑腰，却说压根儿没有这些乱子。为了帮李清照树立儒家传统道德中所谓妇女的美好形象，这些人不惜隐藏、歪曲事实。

宋理学家程颐曾说："饿死事极小，失节事极大。"（程颐

《近思录》）后来，这句话流传千古，成为约束中国妇女的一项必要遵守的道德准则。然而这个程颐在面对自家的事情时，丝毫没有如此严苛——程颐的一个侄儿媳妇，就曾改嫁。

司马光也曾说"贞女不事二夫"。（司马光《家范》）他赞扬女子一旦失去第一任丈夫，就应该为他守节到死，可以立下贞节牌坊的那种。

一个女人改嫁、再嫁，根本原因是生活所迫。她失去了第一任丈夫，本身就够悲惨的了，却还要因为一些毫无道理的言论，遵守妇道，搭上自己一生的幸福。你说，这悲惨不悲惨呢？而李清照之所以遭受了其他女子所不曾遭受的抨击和诽谤，亦有原因的：

第一，她向来特立独行、我行我素、敢爱敢恨、爱憎分明，与儒家奉行的典范"女子无才便是德"相去甚远，由此受到公众的关注。

第二，她前半生与赵明诚爱情甜美、婚姻幸福，而后半生则糟糕潦草、痛不欲生，最美与最差的，同时集中在她一人身上。而她又才华横溢，堪称女性之才魁，很容易成为人们抨击的目标。

离婚后的李清照，又不得不回到弟弟李远的家中。

梦断漏悄，愁浓酒恼。

宝枕生寒，翠屏向晓。门外谁扫残红？夜来风。

玉箫声断人何处？

春又去，忍把归期负。此情此恨，此际以托行云，问东君。

梦断漏悄，酒尚未醒，而愁是这样多。

窗外，天色渐亮。枕上的寒意愈来愈浓重，翠色的屏风后，晨光透过，投影着淡漠晨光。院子里，残红点点，随着风声起舞，然而歌调，是如此伤感。

时光飞鸿，似瞬间就能带走这世间一切的哀愁。而她愈发苍老，已在岁月中斑驳、生锈。失却了青春，又有谁来带走那些恼人的哀愁？这么些年，孤孤单单，每每想起那些褪色和早已尘封的过往，心已倦怠，泪已无声。这样落寞的夜色，这样孤寂的夜晚，还有谁来倾听她的心事？

四周，万籁俱静，只有白昼的日光，照得人眼睛生生发痛，提醒她，还将继续残存这腐朽的肉体，与剩下的流年争斗。

难道就不能有一个宁静的归宿吗？在命运的安排下，此后，她孤身一人，孀居多年。

寂寞空庭春欲晚

风住尘香，花枝散尽。她已来到晚年，尘世的一切，哀痛或告别，皆尘埃落定。原本应当白首相携的岁月，她孑然一身，暗自飘零。春日迟迟，少时爱慕的那些花朵，纷纷绽放，来赴她的约。寂静山谷，只有一个冷清的回响。在一个星光熠熠的夜晚，她终于还是化为一株纯洁的莲，遥远而坚定地，瞭望战火中渐渐颓残的大宋。

物是人非事事休

——《武陵春》

风住尘香花已尽，日晚倦梳头。物是人非事事休，欲语泪先流。闻说双溪春尚好，也拟泛轻舟。只恐双溪舴艋舟，载不动、许多愁。

古人曾言："国家不幸诗家幸，赋到沧桑句便工。"（赵翼《题元遗山诗》）说的是诗人越是历经艰辛，越容易写出振聋发聩、流传千古的名篇。苦难的生活给予他们更强烈、直接的情感体验，从而加深其对社会、人生等方面的领悟，而这种能力可直接体现在文学作品的创作上。

这一年，李清照已有五十一岁。多年的颠沛流离，让她觉得累了。

风住尘香，花已落尽。穿行于人世，岁月悠长，如今亦只剩满眼颓唐。叫人叹息。令人难忘。但这就是李清照，一个曾花容月色的女子，现下的模样。

风住尘香花巳尽，日晚倦梳头。

物是人非事事休，欲语泪先流。

闻说双溪春尚好，也拟泛轻舟。

只恐双溪舴艋舟，载不动、许多愁。

"风住尘香花已尽。"风停住，花落尽，只有尘土中裹挟的淡淡的清香，透过稀薄的空气缓缓散发，像以往珍藏的美好回忆，点点滴滴，悉数绽放。观花的人还在，只是花儿早已凋败，徒留那人于岸边，轻叹。

"日晚倦梳头。"李清照手持木梳，缓缓地扫过发髻，神情慵懒。"女为悦己者容。"肯欣赏她、肯为她驻足的那人都走了，纵然抹再红的胭脂，上最亮的妆，亦无任何意义了。或者，她也不是没曾想过取悦自己，只是身困心乏，在这乱世中飘零，撑到今天，早已失去了妆扮的心情。何况她是那样善于回忆，那个时节，宁静美好，菊香满怀，每每忆起，便给人以安慰。

然而，一切的美好，消逝得太快。这个暮春时节，她已孑然一身，伶仃孤苦，果真是"物是人非事事休"。

她怔怔地看着镜子里的自己，想要说点什么。然而，"欲语泪先流"。她在镜子中看到了那年花月，她同最爱的明诚一起的时月。两情相悦，温软细语，那是他的爱之所以，她的情之所至。

绍兴五年（1135年），金人渡河强犯。在宰相赵鼎的坚决拥护下，高宗赵构亲自率军迎击，此一战役场面恢宏，导致民不聊生，生灵涂炭。李清照亦受波及，无奈之下，只得避乱金华。

一场声势浩大的暴风雨之后，天空晴朗。天边乍现彩虹，整个人间终于再次恢复了宁静。然而，战争所给民众们带来的身心创伤，难以愈合。春日归去来，李清照的眼眸里，早已丧失了那种少女才有的纯真。她安静地凝视天边，感到生活是如此艰难，难以安定。

朝廷残败，丈夫离世，膝下无子，辛苦半生收藏的唯一见证着她与赵明诚纯洁爱情的文物，又在战乱中丧失殆尽。人到晚年，却要孤独终老。她长久地行走于世，身边没有别人，只有冷飒的风声、落寞的背影。而山东老家的少女时光、旧都汴京的繁华阜胜以及青州闲居的那些欣悦，此时都像仇敌一般，嘲笑着她此时的苟且。也许正如那句话所说："明天可以过去，今天可以过去，只有昨天，是难以过去的。"仿佛生命中那些温暖的存在，就是为了衬托这一刻的凄清、冰冷。想到这些，李清照只是微微颤抖下双睫，就落下了盈盈的泪水。

这冰冷的泪水，唤醒她的灵魂，减轻她的痛楚。此时此刻，也只有默默地痛哭一场，才能舒缓她沉闷的心脏。放眼整个南宋，何其广阔，却没有她的立锥之地。

李清照并没有直接描述自己的心境如何糟糕，而是通过一系列的肢体动作以及状物描绘，间接地呈现出自己糟糕的心事、低落的状态。这是她一贯擅长的写法，读来亲切、真实又自然。

这个春日，她极力收拾心情，也想出门采采风。听别人说城南的双溪春去得迟，也许现在尚能捕捉一丝春意。她在少女时，在成亲后，都曾不止一次，泛舟湖上。那些时日，她尚且不曾经历人间如此诸多的动荡与不安，亦不能体会感情的丰饶与温存，那个涉世未深的小姑娘或者少妇，正安享上天所恩赐的欢娱。但这么快，它们就被悉数夺去，只留下一个日趋腐朽的身体。只剩下这一段段甜蜜的回忆，每每想起，都要刺痛她心。

她亦想学苏轼那般"小舟从此逝，江海寄余生"，也想学李白"两岸猿声啼不住，轻舟已过万重山"。她想要彻底摆脱这低迷的现状，早早做回一个身心轻快的李清照。然而，经历过人世无情的风雨，她那一颗多愁善感的女儿心，是如何都放不下了。赵明诚的逝去，就像夺走了她生命最后一缕阳光，从此陪伴她的，就只有寒冷孤凄的黑夜。

而她挣扎、痛苦、奋斗抵抗，却只能陷得更深。

终于来到传说已久的双溪，她望着那脉脉的清水出了神。溪流上游停泊一只精致的木船，然而她却再也不是那个能驾着小船轻快前行的少女了。这些年所受的煎熬，失去丈夫、失去文物所历经的苦难，又岂是这样一只小小的轻舟可以负载得起的？这句写得极好，好就好在，一句词便恰当、形象地概括出了晚年李清照的所有心境。

不知何时，溪上升起了雾色，弄得人眼神迷离。她看不清那些年丧失的纯真，一如眼前抓不住那渐行渐远的时光。人说："中年伤于哀乐。"这是一个尴尬的年纪，至亲骨肉分离，人生尝尽百种滋味。对李清照来说，还有什么能比眼睁睁看着山河破碎、丈夫离去，更能令她心碎的？这是生命所不能承受之痛，她早已痛到无声。

风住沉香，是所有爱情最终的归宿吧。任你年轻时疯狂地爱过、伤过、恨过、痛过，终究抵不过时光的无情。所有的感情都在时光中黯淡消逝，待回首，只留下一张既熟悉又陌生的苍白面容。

"思君令人老，岁月忽已晚。"时间仿若指间，握不住、抓不着。有些东西失去了，便再也不会回来，一如成长，一如死者不能复生，一如她这些年的颠沛流离，苦难尝尽。

也许，这种超越时空的孤独、情感生活的痛苦以及对国家民族的忧心，还将陪伴她度过余生。她像一叶孤舟，飘零在无边无际的风浪中，那些旧日的美好，与赵明诚鸾凤和鸣的时月，照尽她残存的生命。"人生最叹老来悲。"李清照的晚年，如此凋残。

武陵人远锁秦楼

落日熔金，暮云合璧，人在何处？染柳烟浓，吹梅笛怨，春意知几许？元宵佳节，融和天气，次第岂无风雨。来相召，香车宝马，谢他酒朋诗侣。

中州盛日，闺门多暇，记得偏重三五。铺翠冠儿，捻金雪柳，簇带争济楚。如今憔悴，风鬟霜鬓，怕见夜间出去。不如向帘儿底下，听人笑语。

——《永遇乐》

绍兴九年（1139年）的正月初五，宋金两国达成和议，高宗赵构大赦天下，终于结束了这动荡不安的时局，安抚了惊慌失措的人心。由此，才有这一年异常欢快的上元节。许久没有过节，城中热闹非凡。"苏堤轻舟荡红伞，秋千小院落绿杨。"久违的安定，让百姓们更加珍惜。

城中逐渐恢复了昔日的繁华。一切都在井然有序地进行，只是她在心里思忖：明诚呢，他再也看不到这些了。

聪慧如她，还是不能从那场厄运中解脱出来吗？她饱读诗书，又有赫赫才华，应当懂得，往后的时月必定要更加珍重自己。但她遇到曼妙景色，竟依旧伤感年华。纵使香车宝马，纵使美酒佳酿，纵使亲朋都来相聚，她依旧笑着推辞了。记得有谁说过："狂欢是一群人的落寞。"而她唯愿守着自己的那份，愁对月华圆。

此时此刻，汴京的繁华，是不是就像一场梦境一样，从她的脑海中一闪而过？而一个人将暮年的女子，眼神落寞、低垂，又有谁能读懂她的心事？一年一年，春色仍如几十年前那般，干净、纯粹，但她已经没有福气享用。现在，她登在高处，远远地静静地看着那些街道上来来往往、嬉戏玩乐的少女们。

落日熔金，暮云合璧，人在何处？
染柳烟浓，吹梅笛怨，春意知几许？
元宵佳节，融和天气，次第岂无风雨。
来相召，香车宝马，谢他酒朋诗侣。

中州盛日，闺门多暇，记得偏重三五。
铺翠冠儿，捻金雪柳，簇带争济楚。
如今憔悴，风鬟霜鬓，怕见夜间出去。
不如向帘儿底下，听人笑语。

远方的落日，透过青黑色的暮云，投射出一道道夺目的金光。

将黯淡的天际照亮。此时的天空，静默旷远，充满了一种梦幻的滋味。置身如此美妙的景色，容易使人浮想联翩，亦如她过去的生命中，曾有不计其数这般美好的黄昏。只是当时，仍有赵明诚相伴。而自己，亦是流年丰盛。记得他们在闺房中，泡得一壶淡香茶，研开一盒书香墨，勾勾画画，猜猜笑笑，下午时光便轻松地过去了。

可是如今看来，那并不是一种过去，而是一种逝去。难道昨日种种的美好，都是在向今日作别吗？为何她记得他飘逸洒脱的楷书，他却再不会与她相见？昨日种种，彻底沦为一种梦境，苍凉的，透着些许荒诞。

她忍不住要笑自己了。在这个世间，有人在亲人离开之后却还固执地守着早已散去的曾经不肯面对现实吗？然而，她清醒，却故作沉醉，心甘情愿，小心翼翼地收藏那些折起的岁月，轻放红尘，免人惊扰。

在这样一个景色姿丽的下午，她远远地听到了一种笛声。那珠圆玉润的音符划过梅花与柳，带着对春的怨恨。"黄鹤楼中吹玉笛，江城五月落梅花。"总是不敢妄听《梅花落》曲的，却不曾预料此刻相遇。那句句断肠的音符，似有某种催人的魔力，穿越这千年的时光，依旧迷离，依旧幽怨。任听者掏心挖肺，回首过往的海誓山盟，如今皆已"去者不可追"。或许吧，她只是"情深不寿"，怀念多年前庭院中的那些细弱的花枝儿。

"水光潋滟晴方好，山色空蒙雨亦奇。"春到江南，染透临安。"醉里吴音相媚好"，且不论这杨柳细风，就连江南的女子，亦都是吴侬软语，温婉秀美。

春到江南，断桥无残雪；春到江南，西子湖更绿；春到江南，人心当随这美景，变得灵动。此真可谓，人间至美。

羡慕，羡慕，羡慕！曾几何时，她也穿着那样精致的罗纱裙，明艳如珍珠，闪闪发光，照亮了一整个青春。

时光无情，悄然无声，带走了她的少女时光，带走了她的新婚快乐，甚至带走了她一生最为钟爱的男子。她无法原谅，无法忘记。然而迎风矗立，挺起日渐衰败的身子，望着眼下这满城的繁华，她能去怨恨谁？又可以去怨恨谁呢？

——挑灯嬉戏的笑语中，早已不再有她。

而此时的她，更像一位异乡人，一个过客，一个春光中的忧伤词人。还能做什么？提笔写词吧。然后笔下涌动的，皆是孤寂。在飞短流长的时月里，她的哀伤，原来已有这样多。

而她并不是一个甘愿沉沦的人。她的心底，是燃烧着想要欢乐的欲望的。但是，为什么婉拒朋友们的一番盛情邀请？"如今憔悴，风鬟霜鬓，怕见夜间出去。"她是怕这些时月因为思念、忧虑已然憔悴了面容，去扰了别人的兴致，也觉得人生至此已再无欢欣的可能。

月华如水，心静如莲。她享受此时一个人的孤寂。于是，又一次回想起他们共同经历的美好过往。

除了兢兢业业地做他的妻子，她对他的收藏事业，即便到了晚年，都是没能忘记。

宋高宗绍兴二十年（1150年），她已经六十多岁了，行将就木，两鬓染霜。为了继续赵明诚的收藏事业，她亲自前去拜会北宋著名的书法家米友仁（他的父亲名叫米芾，此二人被人亲切地称为"大、小米"）。原因无他，就是想恳请其为她手中所持的两幅大米的字帖题跋（在上面写文字）。

小米见是父亲的真迹，顿时情绪激动，只因他父亲一向随心作画，故家中无甚收藏。今日得见，很爽快地为李清照题了字："先子真迹也。"——《米元章跋》，而后又题："今之数句，可比黄金千两耳。"这话说得可一点都不假，史料记载："寸纸数字人争售之，以为珍玩。"（《宣和书谱》）一寸见方的纸，只够写几个字的，但人们争相购买，将之收藏，作为珍宝。

米芾其字，在他活着的时候就已经卖到了很高的价钱，而如今连他的儿子小米都已年七十有五，那他的真迹，当市值千万了。

李清照前来恳请小米题跋，自是为了使画作更具收藏价值，但从根处分析：她此时已年近古稀，而小米亦变成了"老米"，两个人都是早早失去至亲，天大地大，这一对同病相怜之人，难道不会因她这举动更加"倍思亲"吗？她是用这样纯粹的一种方式，在缅怀死去的丈夫赵明诚啊。

斯人已去，徒留伤心，兀自想起，兀自心碎。像歌里唱到的，"往事不可追，回忆仿佛冷风吹"。这人间匆匆，上苍何曾为谁的感情而流连驻足？

李清照啊李清照，端的是正大仙容、坎坷一生。

怀人愁对月华圆

——《渔家傲》

天接云涛连晓雾，星河欲转千帆舞。仿佛梦魂归帝所，闻天语，殷勤问我归何处？

我报路长嗟日暮，学诗谩有惊人句。九万里风鹏正举，风休住，莲舟吹取三山去。

在那落寞的时光，与美好就那么断了姻缘。她渴望找个地方躲藏，渴望重生，渴望能够抓住这世上属于她的时光。

你要坚信，在你所知道但不懂得的人间，在人间的某一个地界，藏着一个桃花林。那里泉水潺潺，落英缤纷。而你，在命定

半生烟雨，半世桃花 ● 李清照词传

的某个时刻，注定要与之相遇。

　　每当我们在尘世遭受了伤痛，总会想要逃。逃去一个与世隔绝的地方，就像当初的武陵人，远远地生活在云端，笑看人间百种折磨。"庄周梦蝶"，在这纷纷扰扰的人间，我们都曾是那个心有戚戚然的庄周，是先有了寻找一处温柔乡的念头，而后才出现那只梦中翩翩起舞的蝴蝶。

　　尽管，自从来到这个人间，你尚且还没遇到真正的蝴蝶，一只带你去往幻境的蝴蝶，一只带你观尽人间的蝴蝶。但你要相信，风雨之后，彩虹漫天，早晚有一天，上天会安排那只蝴蝶，穿越万水千山，与你相见。

　　天接云涛连晓雾，星河欲转千帆舞。
　　仿佛梦魂归帝所，闻天语，殷勤问我归何处？

　　我报路长嗟日暮，学诗谩有惊人句。
　　九万里风鹏正举，风休住，蓬舟吹取三山去。

　　"天接云涛连晓雾，星河欲转千帆舞。仿佛梦魂归帝所，闻天语，殷勤问我归何处？"当时作这首词的李清照，就很渴望能够早点遇见她的那只蝴蝶。天尽头有着浩瀚无边的海，海尽头飘着经年不息的风，它们出现在她的笔下，亦缠绕我们的梦魂。人与人之间的默契是相通的。她渴求的，亦是芸芸众生心中的"执念"。在他们的诗中，也在我们的梦里。

这首词是特殊的，大气磅礴，充满魄力，一如她的诗，一如她的人。

天色初透，清晨一阵阵晴朗的钟声打断了她的好梦。屋外是雾气一样浓重的迷幻色彩。她还没有清醒，就仿佛看到秋风中盛开了一朵纯洁的莲，而云上，则站着一位身着青衣的仙子。忽然间，心胸开阔，天地长远，刹那间，她真想化作那云端的人，追随仙子而去。在她未知的地方，一定有一个犹如桃花林的地方，没有世间这些所谓的纷争，人们过着安详、喜乐的生活。

但想象有多美好，现实就有多寒。天亮之后，好梦清醒。这首词中饱含着词人未泯的童心，然而却带来更大的落寞和伤感。

隐隐约约，天边有云彩流动。她突然见到一座正大清明的宫殿。而站在那宫殿之上的，就是威严庄重的天帝。

慢慢地，她向他靠近，想要问个清楚：为何给她早年欢乐，又将这些一并夺去？为何给她喜乐年华，又再令她晚年凄清？如果可以，她宁愿舍弃这一身才华，只为与那个有缘人修得白首。

那些如她一样背负盛名的女诗人、词人，诸如汉末的蔡文姬，唐代的薛涛、鱼玄机，宋时的朱淑真、魏夫人，虽亦有佳作，但比起李清照，还是差了一些。她自成一派，甚至以为数不多的作品刷新了文坛的高度，更有以其别号著称的"易安体"，流传千古，万世敬仰。

她是"婉约之宗"，当之无愧，但除了那些婉约、柔情的词作，她亦有刚烈、豪壮的作品问世。谈到项羽，她写下"生当作人杰，死亦为鬼雄"，写出"两汉本继绍，新室如赘疣。所以嵇中散，至死薄殷周"的豪迈士气。她从来不是一个只懂得小情小爱的女子，面对祖国山河的破碎，她的心亦是沉痛的。

"起来敛衣坐，掩耳厌喧哗。心知不可见，念念犹咨嗟。"所有这些，亦不过都只为了最后那一句"吹取三山去"。我大概可以理解她的心态，现实太混乱，世风日下，人心不古，许多人都活成了雕塑，冷酷、冷漠、无情。她不愿意面对这样一个虚假的世界，所以才想要飞去。飞去，飞去，飞去吧。寻那羽化登仙的梦境，这样纯洁的女子，或许原本就不该降临乱世；飞去吧，即便那里没有赵氏明诚，起码能还她一个安稳的岁月。她就在那里，梦里曾出现过无数次的仙境，破茧成蝶，受享极乐。

她走了，留给这个人间的，是一个可以柔情万种亦可以坚强如铁的女子，再也不要失去拥有幸福的机会了，就这一次。

李清照的刚强，自有正大光明的历史记得。

那是宋高宗绍兴三年（1133年）五月，朝廷指派两员大将：

吏部侍郎韩肖胄和工部尚书胡松年出使金国，表面上是去慰问宋朝被俘的两个皇帝（宋徽宗和宋钦宗），实际是去探听金国的虚实。

这是一件十分危险的重任，倘有半点闪失，两位使者的命或不保。李清照闻此，特意写了两首诗为这二人送行：

绍兴癸丑五月，枢密韩公、工部尚书胡公使虏，通两宫也。有易安室者，父祖皆出韩公门下，今家世沦替，子姓寒微，不敢望公之车尘。又贫病，但神明未衰落。见此大号令，不能忘言，作古、律诗各一章，以寄区区之意，以待采诗者云。

三年夏六月，天子视朝久。凝旒望南云，垂衣思北狩。
如闻帝若曰，岳牧与群后。贤宁无半千，运已遇阳九。
勿勒燕然铭，勿种金城柳。岂无纯孝臣，识此霜露悲。
何必粪舍肉，便可车载脂。土地非所惜，玉帛如尘泥。
谁当可将命，币厚辞益卑。四岳佥曰俞，臣下帝所知。
中朝第一人，春官有昌黎。身为百夫特，行足万人师。
嘉祐与建中，为政有皋夔。匈奴畏王商，吐蕃尊子仪。
夷狄已破胆，将命公所宜。公拜手稽首，受命白玉墀。
曰臣敢辞难，此亦何等时。家人安足谋，妻子不必辞。
愿奉天地灵，愿奉宗庙威。径持紫泥诏，直入黄龙城。

单于定稽颡，侍子当来迎。仁君方恃信，狂生休请缨。

或取犬马血，与结天日盟。

胡公清德人所难，谋同德协心志安。

脱衣已被汉恩暖，离歌不道易水寒。

皇天久阴后土湿，雨势未回风势急。

车声辚辚马萧萧，壮士懦夫俱感泣。

闾阎嫠妇亦何知，沥血投书干记室。

夷虏从来性虎狼，不虞预备庸何伤。

衰甲昔时闻楚幕，乘城前日记平凉。

葵丘践土非荒城，勿轻谈士弃儒生。

露布词成马犹倚，崤函关出鸡未鸣。

巧匠何曾弃樗栎，刍荛之言或有益。

不乞隋珠与和璧，只乞乡关新信息。

灵光虽在应萧萧，草中翁仲今何若。

遗氓岂尚种桑麻，残房如闻保城郭。

嫠家父祖生齐鲁，位下名高人比数。

当时稷下纵谈时，犹记人挥汗成雨。

子孙南渡今几年，飘零遂与流人伍。

欲将血汗寄山河，去洒东山一抔土。

想见皇华过二京，壶浆夹道万人迎。

连昌宫里桃应在，华萼楼前鹊定惊。

但说帝心怜赤子，须知天意念苍生。

圣君大信明知日，长乱何须在屡盟。

　　她在诗中高度称赞韩肖胄："身为百夫特，行足万人师……家人安足谋，妻子不必辞。"意为赞扬韩肖胄能将个人生死与家庭安危置之度外，为国捐躯，是不折不扣的真英雄；她称赞胡松年好比荆轲刺秦，壮怀激烈。由此可见，李清照虽为一介女子，却亦是浩然正气，拥有男儿般的胸怀和气概。

　　倘若她是一个男儿身，必定投笔从戎，征战沙场，报效国家。

　　这正是她的闪光之处。

　　数千年来，无一女子可轻易与之比肩。

半生烟雨，半世桃花 李清照词传

山月不知人事改

芳草池塘，绿阴庭院，晚晴寒透窗纱。玉钩金锁，管是客来吵。寂寞尊前席上，惟愁海角天涯。能留否？酴醾落尽，犹赖有梨花。

当年、曾胜赏，生香熏袖，活火分茶。极目犹龙骄马，流水轻车。不怕风狂雨骤，恰才称，煮酒残花。如今也，不成怀抱，得似旧时那？

——《转调满庭芳》

在我们漫长又短暂的一生中，亦有黄叶的命运，在某个特定的时刻，受清风的指引，固执地飞向一个地方。从此，扎根或飘零。漂泊的岁月是如此漫长，似乎永远都不会结束。当我们内心感到疲惫，忍不住按下暂停键，却意外地发现大街上，到处都是如同我们一样，辛苦奔波的年轻人、中年乃至老年人。

原来，我们并不是唯一被命运所刁难的人。原来，我们也并非唯一渴望获得安定生活的人。

此时的李清照，因时势发展所需，不得已从金华辗转来到杭州。在如此逼仄的战乱年代，她尝尽了奔波、流离。世事如棋，在那样的年岁，没人知道明天迎接自己的会是什么。每个人的眼神都是那样无助与黯淡。每个人的心中，都怀抱着惶恐与不安，生怕一个不小心，就将此生辜负。

她亦是懂得的，"天下没有不散之筵席"。越是美好的东西，消散起来越是容易。她想留住这无情的岁月，但不知该用怎样的方式，只有写些诗，写些词。她一生的才华倾尽于此，她不擅长别的。

偌大的世界，早已找不到可以托付一生的地方。而她的经年心事，也在风雨的吹打下，随着那些污浊的河水四散开去。在一个动荡的大时代面前，个人的力量，是那么渺小，无力。

芳草池塘，绿阴庭院，晚晴寒透窗纱。
玉钩金锁，管是客来吵。寂寞尊前席上，惟愁海角天涯。
能留否？酴醾落尽，犹赖有梨花。

当年、曾胜赏，生香熏袖，活火分茶。
极目犹龙骄马，流水轻车。不怕风狂雨骤，恰才称，煮酒残花。
如今也，不成怀抱，得似旧时那？

秋日，寒鸦寂静，院子干净而清肃。那个午后，窗外的树上的叶子，跟随秋风的脚步，发出哗哗的响声，掉落一地的金黄。她眼波一转，就看到了漫天的默然。是从什么时候开始的呢？忧愁开始环绕着她。在清晨，在午后，在黄昏，甚至在她的睡梦中，丝毫不肯放松紧追的脚步。她挣扎、呐喊，最终无力，软软地屈服于这些沉重的相思之下，沉默又沉默，于是写出了这样精彩的词。

仿若来自她心底的梦想，小小的一枝，含苞绽放。只是可怜无人驻足聆听，那些极其细微的声响，你只有在漫无边际的深夜，竖起耳朵，还要向上天借一点好运气，才能成功捕捉到。

芳草，绿荫，晚晴。初夏时节，以及清凉的风。

三秋桂子，十里荷花，江南果真秀美，犹如书中所描绘的人间仙境。但在如此梦幻的温柔乡里，并不是所有人都能安然接受它的千娇百媚，比如她。看上去，这里的景色美妙至极，就像儿时记忆中的故乡。但她心里清楚，一切都已不可挽回。很多时候就是这样的，当你离开一座城池，总觉得在这世界上的别个地方，会再找一个如它一般的，直到离开，也许要花上许多年，抑或你要经历许多人事，才会在某个时刻茅塞顿开，刹那之间懂得，那才是唯一令你中意的城，其他的地方可以相似，却永远无法取代它在你心里的地位。

我们总是这样的，后知后觉。

"荼蘼谢尽，万芳凋零。"放眼世间，尽是颓残，除却梨花。

一树一树的雪白，潇洒地飘着馨香，给她以安慰。但不多时，她的蛾眉又再蹙起，大抵是为了这些梨花的去留忧心。这样的安慰，又能持续到何时呢？看吧，她终究是个多愁善感的女子。

"花谢花飞飞满天，红消香断有谁怜。"望着这满眼的雪白，她的心都融化了，融化得迅疾，像寒夜里的电光石火，只亮了那么一瞬间，便又陷入无边的黑暗。此时的她，就如同那不久将要凋谢的梨花，朝不保夕。生死，悬在一线之间。多少的苦楚，她无人诉说，只能生生地，吞入心底。

"当年曾胜赏，生香熏袖，活火分茶。极目犹龙骄马，流水轻车。不怕风狂雨骤，恰才称，煮酒残花。如今也，不成怀抱，得似旧时那？"

一切美好的，皆是当年景。往事真是个美好的事物，怪不得一些现下失意的人，一定要同往事干杯。当你感到孤单时，往事就从你的脑海中自动抽离，给你温暖，让你依靠，帮你暂时忘却这现实的残酷。如今，她感到心寒，总要躲进回忆里，偷偷地歇上一歇。她不知道，回忆也是讲求交易的。回来太久，寻它的次数太频繁，她同样需要交付自己的心。就这样慢慢地，她一点点陷进去，在回忆里，伤感，欢乐，忧愁，一切都为了昨日的梨花。

繁花似锦，清风如缎，吹开了她此生最为鲜嫩的红尘。那时的她，温婉娴静，低眉浅笑，与赵明诚一同赏画烹茶，惹得笑声满屋飘荡，上下翻飞。但她，留恋的并非是那样的闲适。

　　只是因为有他在身边，那是她将心寄存的地方，心找到了，便安定了。有他的世界，没有风暴，没有霜欺。她活得真实，自在。

　　就像我们在遇到恶劣的天气时，总想早点回家。

　　屋外电闪雷鸣，而你的小窝点着一盏温馨的小灯。从那一层层淡黄色的光晕里，我们看到了未来，获得了心安。

　　李清照想要的，与此无异。不过是生而为人，生而为女子的存在于这个世界的，最简单、淳朴的诉求，并不特殊。

　　但她，竟就那样失去了。

　　并且，此生再也无法拥有。

　　记忆中的汴京，车水马龙，花月春风，如今却常常出现于她的梦中。

　　清薄的时月，犹如应季的玫瑰花瓣，手指轻轻一碰，就纷纷掉落草丛，难觅踪迹。她的青春，她的新婚。她与他最真挚、快乐的时光，若知一切都是这样有限，是否拼尽全力，亦要珍惜珍惜再珍惜。

　　山月不知人事改。唯有那一年年开了又谢、谢了又开的窗外的梨花，笑傲春风，一如她细密的人生。最终都将，化作一阵烟尘，飘散青天之上。

冰骨清寒瘦一枝

玉瘦香浓，檀深雪散。今年恨，探梅又晚。江楼楚馆，云闲水远。清昼永，凭栏翠帘低卷。坐上客来，尊中酒满。歌声共，水流云断。南枝可插，更须频剪。莫直待西楼，数声羌管。

——《殢人娇》

　　寒冬时节，梅枝初绽。迎着纷纷扬扬的大雪，开得夺目，开得撩人。如火一样，在深色的枝头怒放，此时此刻，世间万事万物，黯淡失色。

　　古人常说，梅有四贵：贵曲不贵直；贵疏不贵密；贵梅花之瘦不贵其肥；贵梅花之合（含苞）而不贵其开（盛放）。或许，正是这样的性格，才惹得李清照如斯怜爱。

　　玉瘦香浓，又是一年映雪时，梅花飞舞。李清照冒着风雪，又来探访她一生最爱之梅。

玉瘦香浓，檀深雪散。今年恨，探梅又晚。

江楼楚馆，云闲水远。清昼永，凭栏翠帘低卷。

坐上客来，尊中酒满。歌声共，水流云断。

南枝可插，更须频剪。莫直待西楼，数声羌管。

这一夜，西风皱紧，吹落一树玉梅，清香飘逸，将一旁浅红色的梅中上品檀香梅，映衬得更加妩媚动人。冬日的皑皑白雪，早已有了纯洁的色泽，又何须这玉梅再去凸显风姿。只是这样美不胜收的景色，终于还是晚来了一步。此时此刻，那雪压梅枝的美景早已不见。

错过一次，唯有等待明年。

人这一生中，至少该有一次遗憾，唯有错过，才能醒悟，才会懂得以往的时光多么美妙，也才能学会珍惜。在错落的时光中，抑或可以拾获一些智慧，教自己如何做人，教自己学会长大。

而当你走得够远，再回首时，那些遗憾或终将会变成一道明媚的记忆，闪耀天际，照彻人生。

"江楼楚馆，云闲水远。清昼永，凭栏翠帘低卷。"登上江楼楚馆，天空澄净，唯见云闲水远。翠色的帘子，低低地卷起，那远处的水淡云烟，都遮藏于视线以外，目光所及，皆出仙境。

馆下，梅花竞放，散发着一股盎然生机。清爽、干净的白昼突然变得漫长、散淡，李清照就这样倚着梅香，双目在江面与楼之间游离。

"坐上客来，尊中酒满。"在这样一个美好的节日，良友相聚、举杯飞觞，李清照自是与其开怀畅饮、纵歌抒怀。"歌声共，水流云断"，文人们的聚会自有一股文艺的情调，满场充满了诗兴豪情，推杯换盏、觥筹交错，更何况有这样盛放的梅花！于是，这欢聚的歌声充塞天地，嘹亮悠扬，上遏白云，下断流水。

我们紧绷的人生，仿佛就是在等待与老友相聚的欢乐。试想一下，行走于人世，难免为追逐一些事物而感到疲惫，当累的时候，能拥有这样一群志同道合的朋友，能跟他们在一起推杯换盏、畅所欲言，是该何等潇洒与难得！"酒逢知己千杯少""今朝有酒今朝醉"，欢乐要趁好时节，"莫使金樽空对月"，此时，词人的情感已然到达顶巅。

此时，词人的笔触也宕然转开，将目光重新投放到观赏梅花的现场，"南枝可插，更须频剪"，将炽热的情感结束在"莫直待西楼，数声羌管"的伤感声中。那些俏丽的花枝儿，盛开在南边向阳处，奉劝这些有幸观赏到的人啊，千万要趁着它方开未残，快多多采剪，簪在鬓边，或插放几案，将这一树的疏姿倩影尽情享受，将这一枝的冷眼含香尽力珍藏。"花开堪折直须折，莫待无花空折枝。"千万不要等到花瓣残落、随风化泥时，再去惆怅，再生留恋。只因那时，一切的眼泪与舍不得，都毫无意义。

此时的李清照，早已经历国破家亡的大灾难，面对光阴的刻薄，心胸已变得坦然。她虽不能承受这莫名的孤寂，却也一直都是位坚强、挺拔的女子。面对岁月的刁难，她虽哭泣，但始终没有后退，亦不会投降。

我们每个人，在自己的一生之中，想必都会遇到一次甚至多次灭顶之灾吧。世人都说，人间有四苦，"鳏寡孤独"，而李清照一人就占了两样。她在中年时期失去了丈夫，这一生又没能有个后代，后半生恰如浮萍，随风飘零。

然而这样的她仍然爱梅，又或者亲自经历了艰苦人生，才越发明白梅花的质朴与顽强。那些天灾人祸，似乎是一场强大的暴风雪，而她化身自己平时最为珍视的梅，倔强孤傲，迎风站立。

这首词表在写梅，实是借物抒情，借咏叹梅花表达伤感。光阴流逝，花开花落，容颜易老，人生聚少离多，正是这样才要趁着得意之时尽情欢畅。

《漱玉词》中，李清照多次提笔写梅，她对梅花的感情，早已超出了一般的存在。而梅与她之间，也似无形中有一种细腻的感情，维系着，牵动着。

想必，当她描绘时，梅一定也通晓她的心事。

所以，几乎每一首写梅的诗词阅读和体验起来，是如此形象、动人，动静有致，相互衬托。

相信我们每个人在这个世界上，都能觅得一两件格外喜欢的事物。当你爱得久了，它们似乎也通了灵性，能够分享你的心事。

在你孤寂时，它们就像是最真诚的朋友，安静地陪伴着你，寸步不离。更多时候，我们看着自己喜爱的东西，感觉整个世界皆在掌控。那种心房满满的、暖暖的感觉，叫作"拥有"。

晚年的李清照，虽然丧失了爱情，丧失了美满的婚姻，但她至少还有最拿手的词，以及最钟爱的梅。只要有这些东西在，她就不是孤独的。她在这个世界上，就是有所依的。

我一直都坚信，人的情感，不是只可以给予同类的。我们也一定会将真实的自己，毫无保留地展现在这些灵动的事物面前。有时候，它们就像一面镜子，从而映射出最真实的本我。

虽然范仲淹曾说，一个胸怀坦荡、洒脱的人，是永远都要"不以物喜"，但试想一下，在这个大千世界，有那么一两件能够让我们心悦的事物，带给我们哀愁也带给我们欢乐的事物，该是一件多么美好的事情！

尘烟如梦花事了

帘外五更风，吹梦无踪。画楼重上与谁同？记得玉钗斜拨火，宝篆成空。

回首紫金峰，雨润烟浓。一江春浪醉醒中。留得罗襟前日泪，弹与征鸿。

——《浪淘沙》

夜静阑珊，帘外风起，吹乱残梦，换得无声。

又是一个漏断人初静的夜晚。

又是一个心事愁煞人的时年。

寂静深夜，梦断人醒。往事历历在目，然而人去梦空，心底突然生起阵阵寒意。相思难熬，最是夜晚情浓。五更是一天中最阴暗、寒冷的时辰，五更的风，吹彻肌骨，倍觉凉意。五更风紧，吹醒残梦，却原来仍旧只有我孑然一身。窗外一轮寒月透过纱窗，将室内照得寒意更甚，回首往事，试问当年与我携手同上高楼的闺中知己哪里去了？却原来正是"一枝折得，人间天上，没个人堪寄""冷雨凄风不可听，乍分离处最伤情"。

帘外五更风，吹梦无踪。

画楼重上与谁同？记得玉钗斜拨火，宝篆成空。

回首紫金峰，雨润烟浓。

一江春浪醉醒中。留得罗襟前日泪，弹与征鸿。

"记得玉钗斜拨火，宝篆成空。"夫君不能同在，无法偕老白首，枉费我当年占卜炉烟，向它祈求让我俩志同道合以了此生，而今回首，往事俱成空愿，如炉烟飘散，已无踪迹。蔡伸《满庭芳》中"玉鼎翻香，红炉叠胜，绮窗疏雨潇潇"写的便是这闺中的旖旎风光。

在我们人生的若干个片段中，一定也有玉成好事之意，或许是因为一件事，抑或因为一个人。如仓央嘉措，即便皈依佛门，在遇到那人之后，依然寂静欢喜，转山转水，只为途中与之相见。总之，因为一些原因，我们竟选择相信命运的安排，虔诚地祈祷一切都能如愿。那是生命中极为珍贵的一次转变。尽管事后你也会怀疑那个是不是自己，但当时当刻，真的不曾后悔。

"回首紫金峰，雨润烟浓。一江春浪醉醒中。"世事变迁，无人能料。温存不再，人情淡薄。只剩下当日的紫金峰，尚可追忆。那是建炎三年（1129年），赵明诚病逝建康，李清照大病一场。这年冬天，因张飞卿玉壶颁金事，李清照果断回到越州，向朝廷贡献家中珍贵文物，以证清白。孰料乱世生变，形势所迫，李清照连忙驾御舟跟随宋高宗南逃，在一系列的仓皇失措中，成就了这首词。"玉钗斜拨火"是对归来堂中温馨生活的追忆，"回首紫金峰"是李清照逃离建康（今南京）时追悼亡夫。时局动荡，她原本以为有他就能夫妻相携，共渡难关，纵使山河日下，亦有一股奔向未来的勇气。

　　然而，他死了，以一种她不能预料的方式，在一个她无法接受的时间。

　　就那样，急匆匆地撒手而去。

　　试想一下，当时的李清照该是怎样绝望。失去亲人那种锥心的痛苦，每个亲历的人都能理解。熟悉身影永远地变作静止的状态，再也不会站起来，同你逗笑，同你私语，同你语重心长，同你共度好时光。

　　李清照当时，恐怕早已失神。死者已矣，生活还要继续，并且必须继续。但逝去的亲人，变成了心头上的一根刺，时时刻刻，每每想起，都会扎得人生疼。

　　谁愿意孤苦伶仃地存活于世呢？何况那是一个四处弥漫了硝烟的乱世。李清照一介女子，应该或不应该，竟尝遍所有的凄苦。

"雨润烟浓，一江春浪醉醒中。"李煜《虞美人》曾写
"问君能有几多愁，恰似一江春水向东流"，李清照的愁思，
亦是形同南唐后主李煜的，犹如一江春浪，流无尽时，醉中醒
中，俱在心头。难道痴情之人多也心意相通？在失去了今生最
珍贵的爱情以及最珍惜的爱人之后，都变得心碎不已，憔悴
不堪。

犹记得，那南唐后主李煜是一颗痴情种子。他与大周后，
倘若只是生在平凡百姓家，或许尚可成就今生的一段美满姻缘。
"做个才人真绝代，可怜薄命作君王。"这也许是千百年以来，
古人对李煜所作出的最精准的论断。

赵明诚去世之后，李清照痛哭失声，肝肠寸断，"此不尽之
泪非罗襟所能尽揾"。如今，往事虽随征鸿而去，杳无踪迹，然
思念亡人泪犹在襟，只能诉与征鸿。

这一世，我们都有舍不得放手的情感、舍不得忘掉的亲人。

重游旧地，眼前仿若倒映当时与明诚一同登楼的欢乐情
景，低头一算，却距他过世，已有数年。然而，这些年来，那
些温存的画面，竟是一刻也不得闲，整日纠缠在她梦中，试与
相思同。

《全宋词》卷二刊此词为李清照存目词。但在文学历史上，
文学大家们对这首词的归属颇有争议。通过赏析词的具体内容不

难看出，词的主人唯有解释为李清照才更合乎常理。全词通过描写对往事的追忆，抒发了孑然一身、孤苦伶仃的悲怆之感。陈廷焯《白雨斋词话》谓"凄绝不忍卒读，其为德夫（赵明诚）作乎"亦有个中的道理。

小窗灯阑，此夜静凉，读着这样一首悲凉的小词，你我紧紧追逐词人李清照的步履人生……

人世纷繁，难以为之预设。尘世种种，抑或早有天定，遇到何人、发生何事、留下何名，似乎早已注定。

此时此刻，新月初升，皎洁如银盘。翻开一卷《漱玉词》，慢品其间，与这位远在宋朝的女子秉烛夜谈。

字里行间，一句句曼妙的词，像一朵朵绚丽的情花，她自有她的纯真、刚毅与顽强，我自有我的怜惜、祝福与惋惜。

但我不会同情她。

她不是一个弱者。作为女子，亦可称作是扼住了一个朝代的咽喉。倘若没有她的痴情，没有这璀璨的才华，没有这些清丽的词句，我们对于那个年代的了解，又再少了一个部分。一个极其关键的部分。

她终是摇曳生姿地走来，行于汴京，行于青州，行于金华，行于中华五千年的灿烂文化，带来的是璀璨华章，锦瑟流年。她用沾满诗香的笔墨，描绘出一个春暖花开的人间。

初为人妇，果真小巧玲珑，风月情浓。日子依旧是暖色调，庭前开满了花朵，争奇斗艳，像极了她正怒放的青春。如花美眷，似水流年，她与他爱在每一寸时光，每一个转身，短暂的婚姻生活里，写尽浪漫。彼时，他是她的恋恋风尘，她是他的恩眷盛浓。

瘦弱的时光里，她也曾付出全部的心思，为求一个爱人。那时的他，尚未成名，家人做主将她许配给了他。后来，他去留学，越发见多识广，而她始终居于乡下，不问世事，俩人渐渐不是一个世界。果然，他后来又有红颜，相知相许，狂情热恋，恨不能融化彼此。她知道了这一切，却依旧做着他老实本分的妻。虽然，他不再承认她。一个女人的悲剧，莫过于此。她倾尽一生心力，却断送于从未相知。她的名字叫作朱安，倘若不是鲁迅，你也许永远不会知道她的名字，以及这些身前身后事。

与之相比，李清照该是欣慰的吧。虽然后来，于惊心动魄的时光中，他终于还是丢下了她。然而她无心怨恨，红尘本就短，相思亦且浓。

时光错落，桐花已老，在缱绻的红尘中，他走了，只留下一些春深若水的欢喜，一些独自等待的困惑。失去了他目光所及，遍地荒凉，连那原本完好的姻缘，亦逐渐淡薄凝成香扇上的往事。折尽清欢，应是怕情深。

最后的她，在乱世中踽踽独行。故国春深，她亦怀有一腔浩然正气，挥笔写就铿锵悲壮。踏过历史，她终究没有辜负"一代词宗"的美誉，终于成就了那个既能抒写闺房离愁，更能激发爱国情思的巾帼女雄。

怀着对死去爱人的无尽思念和对故土难归的无限失望，在极度的孤苦凄凉中，她悄然辞世。

她是李清照，大宋一朵最绚烂的情花。她留下的这些词，告诉我们一个女人视角下的大宋：气吞山河，悲壮孤绝，让我们一生都受用。